DAS REISELEXIKON

Matthias Gretzschel

Historische Friedhöfe

in Deutschland
Österreich
und der Schweiz

CALLWEY

DANK

Autor und Verlag bedanken sich ganz herzlich für die Unterstützung bei Ursula Mair und Marion Stein sowie der Arbeitsgemeinschaft Friedhof und Denkmal

BILDNACHWEIS

Abbildungen auf dem Einband
Vorderseite: Grabskulptur auf dem Südfriedhof in München (Foto: Willy Hafner)
Rückseite: Grab von Robert Schumann auf dem Alten Friedhof in Bonn
(Foto: Matthias Gretzschel)
Seite 2: Caspar David Friedrich (1774-1840), Der Friedhof (1825); Öl/Lw., 144×111 cm
Seite 5: Grabsteinplastik auf dem Jakobsfriedhof in Weimar (siehe Nr. 94)

Die Zahlen beziehen sich auf die Seiten; alle hier nicht verzeichneten Abbildungen wurden freundlicherweise von den einzelnen Friedhofsämtern, Museen und der Arbeitsgemeinschaft Friedhof und Denkmal, Kassel, sowie dem Autor zur Verfügung gestellt.
Andreas, Peter 26, 28, 36, 41, 43, 44 oben, 51 oben, 61, 93, 94, 97, 98, 109, 113;
Archiv Stein 68; Gretzschel, Markus 30-34, 65 unten; Götze, Claudia 68; Hagenkord,
Andreas 62-64, 74, 76, 77, 82-85, 89, 117, 118, 120-123, 125, 141, 145, 148;
Ilsinger, Renate 86, 107, 108; Landesbildstelle Wien 114, 115; Pechstein / Hamburg-
Tökendorf / Henning Rogge 7; Sächsische Landesbibliothek, Abt. Deutsche Foto-
thek/Kramer 9; Sächsische Landesbibliothek, Abt. Deutsche Fotothek/Rous 2; Stein,
Marion/Spratte, Hermann 5, 16, 42, 62 oben, 70, 81, 88, 102, 103, 111

Die Deutsche Bibliothek – CIP-Einheitsaufnahme
Historische Friedhöfe in Deutschland, Österreich und der Schweiz /
Matthias Gretzschel. – München : Callwey, 1996
(Das Reiselexikon)
ISBN 3-7667-1233-0
NE: Gretzschel, Matthias

Schutzumschlag   HBC-Design München
Lithos   eurocrom 4, Villorba
Satz, Druck und Bindung   MZ-Verlagsdruckerei GmbH
Memmingen
Printed in Germany 1996
ISBN 3-7667-1233-0

INHALT

EINFÜHRUNG

Seit jeher üben Friedhöfe auf ihre Besucher eine besondere Faszination aus. Die Begräbnisstätten erinnern die Lebenden an die Endlichkeit ihres Seins und sind zugleich eindrucksvolle Zeugnisse menschlicher Existenz. Während Trauernde sich beim Besuch der Gräber ihren verstorbenen Angehörigen in besonderer Weise verbunden fühlen, erweisen sich Friedhöfe auch für Unbeteiligte als interessante, anziehende Orte. Nicht anders als Kirchen oder andere historische Gebäude zeugen sie von Kultur und Geschichte eines Ortes oder einer Landschaft. Jedes einzelne Grab ist mit dem ganz individuellen Schicksal eines Menschen oder einer Familie verbunden. Der Aufwand, mit dem es gestaltet wurde, die künstlerische Form, die Symbolik sowie die Inschriften lassen Rückschlüsse zu auf die Persönlichkeit und die soziale Stellung des Verstorbenen, auf seine Wertschätzung durch die Nachwelt, aber auch auf seine weltanschauliche Position. Mitunter erzählen Grabmäler sogar etwas über die Umstände seines Todes. Sie sind zugleich auch Kunstwerke, die den jeweiligen Zeitgeschmack und die kunstgeschichtliche Epoche widerspiegeln.

Stärker noch als das einzelne Grab, das bei christlichen Friedhöfen meistens nur über eine bestimmte Frist hinweg bestehen bleibt, sind Friedhöfe in ihrer Gesamtheit aussagekräftige Geschichtszeugnisse. Mit der sozialen und geistigen Entwicklung hat sich stets auch die Form und Anlage, und nicht zuletzt auch der Ort, der dem Gräberfeld innerhalb der menschlichen Ansiedlung zugewiesen wurde, verändert. Die ältesten im deutschsprachigen Raum erhaltenen Friedhöfe entstammen dem Mittelalter, in dem die Gräber meistens rings um die Kirche angelegt wurden. Aus dieser Zeit kommt der Begriff des Kirchhofs, der auch heute noch im ländlichen Raum gebräuchlich ist. Während Personen von Stand direkt in den Kirchen beigesetzt wurden, befanden sich die Grabstellen der minder Privilegierten zumindest in deren Nähe, wofür zwei Gründe ausschlaggebend waren: Zum einen waren die Gräber der Verstorbenen so für ihre Hinterbliebenen, die die Kirche ja regelmäßig besuchten, gut erreichbar; zum anderen wähnte man die Toten auf diese Weise auch im Schutz der in den Kirchen aufbewahrten Reliquien. Bis auf eine Entfernung von 30 Schritt galten die mittelalterlichen Kirchhöfe als geweihte Erde, auf der auch Verfolgte Asyl finden konnten.

Die starke Bevölkerungszunahme im späten Mittelalter führte zu einem Wachstum der Städte, dem die alte Form des Kirchhofs nicht mehr gerecht werden konnte. Aufgrund des immer knapper werdenden Platzes wurden die Toten nun auf Gräberfeldern jenseits der engen Stadtmauern beigesetzt. Oft wurden Pestfriedhöfe, die man in der Not des massenhaften Sterbens während der Epidemien und aus Angst vor Ansteckungsgefahr außerhalb der Städte angelegt hatte, zu regulären Begräbnisstätten, die nun eine Kapelle oder eine eigene Gottesackerkirche erhielten. Ein prominentes Beispiel dafür ist der St.-Johannisfriedhof von Nürnberg, der zunächst nur zur Beisetzung von Pesttoten, Selbstmördern, Ehebrechern und anderen unehrenhaften Personen gedient hatte, von 1519 aber der all-

Max Pechstein (1881-1955), Eliasfriedhof in Dresden (1906);
Öl/Lw. © Pechstein / Hamburg-Tökendorf (siehe auch Nr. 26)

gemeinen Bestattung offenstand. Vor allem die zunehmend unhaltbaren hygienischen Zustände auf den innerstädtischen Kirchhöfen führten Ende des 18. Jahrhunderts in vielen deutschen Ländern zum Verbot von Bestattungen innerhalb der Städte. »In den Kirchen und in bewohnten Gegenden der Städte sollen keine Leichen beerdigt werden«, hieß es – unmißverständlich klar formuliert – in einer Bestimmung des Preußischen Landrechts von 1794. Diese und ähnliche Anordnungen zeigten bald Wirkung: Die innerstädtischen Kirchhöfe wurden verlegt, verschwanden ganz oder blieben nur als Parkanlage erhalten.

In Österreich setzte mit den Vorschriften des Josephinischen Hofdekrets bereits 1784 eine ähnliche Entwicklung ein. Doch nicht nur die Folgen des Bevölkerungszuwachses und

die hygienischen Bedenken sowie die mitunter etwas übertrieben anmutende Angst vor den »Leichenausdünstungen« besiegelten das Ende des Kirchhofs. Geändert hatte sich auch die Einstellung zum Tod: Mit der Reformation sank die Bedeutung des Reliquienkults, so daß die Verbindung von Grab und Kirche nicht mehr notwendig erschien. Viele der nun außerhalb der Städte gelegenen Friedhöfe wurden nach puren Zweckmäßigkeitsgrundsätzen gestaltet, was vor allem in der frühen Romantik auf heftige Kritik stieß. Doch zunächst fehlte es an neuen Leitbildern. In einigen Fällen, wie zum Beispiel bei dem im 16. Jahrhundert angelegten Stadtgottesakker von Halle, orientierte man sich am italienischen Camposanto: Ein weiträumiges Areal wird von recht-

winklig angeordneten Arkaden umspannt, unter deren weiten Bögen die aufwendigen Grabmäler von Standespersonen einen geschützten Standort bekamen. Damit erhielten Privilegierte einen ähnlich bevorzugten Begräbnisplatz wie zuvor im Kirchenraum, die Gräber von Personen geringeren Standes befanden sich innerhalb des von den Arkaden eingefriedeten Bereiches. Einen völlig anderen Charakter hat der 1730 angelegte erste Gottesacker der Herrnhuter Brüdergemeine. Die von mährischen Religionsflüchtlingen 1727 unter maßgeblicher Mitwirkung des sächsischen Adeligen Nikolaus Ludwig Graf von Zinzendorf (1700-1760) begründete pietistische Gemeinschaft, die sich bald weltweit ausbreitete und eine intensive Missionsarbeit leistete, kannte keine Standesunterschiede. Und was im Leben galt, spiegelt auch der Friedhof wider: Die nach Geschlechtern geometrisch angeordneten Grabplatten liegen flach auf dem Boden und haben fast alle die gleiche Größe. Nicht Trauer, sondern Trost und Auferstehungsgewißheit charakterisieren das Verhältnis der Herrnhuter zum Sterben – und davon künden auch die Gottesäcker im Lausitzer Ursprungsort und in all jenen Orten, wo die Gemeinde später Niederlassungen gründete. Welchen Eindruck der schlichte Charakter des Herrnhuter Gottesackers im späten 18. Jahrhundert hinterließ, zeigen nicht zuletzt literarische Zeugnisse. So würdigt Jean Paul den Friedhof in seinem Romanfragment »Flegeljahre«, und auch für Goethes »Idealfriedhof«, den er in seinen 1809 erschienenen »Wahlverwandtschaften« entwarf, spielte das Herrnhuter Beispiel eine modellhafte Rolle.
Doch Goethe fühlte sich noch von einem anderen bedeutenden deutschen Friedhof angeregt, der 1787 von dem Architekten Friedrich Wilhelm von Erdmannsdorff in Dessau angelegt wurde. »Kein Tod und kein Grabmal mehr auf der Neuen Erde

Gefilden« steht programmatisch über dem klassizistischen Eingangsportal, das in seiner Gestaltung an einen Triumphbogen erinnert. Auf dem streng geometrisch gestalteten Terrain herrscht nahezu Gleichheit. Ein wenig herausgehoben sind lediglich die Grabstätten innerhalb der Begrenzungsmauern, die jedoch nur mit schlichten Platten abgeschlossen wurden. Was in Herrnhut von pietistischer Frömmigkeit inspiriert ist, erscheint hier als ein Resultat aufklärerischen Denkens. Auftraggeber des Dessauer Friedhofs war Fürst Leopold III. Friedrich Franz von Anhalt-Dessau, der zu den aufgeklärtesten Herrschern seiner Zeit gehörte.
Gegen Ende des 18. Jahrhunderts veränderte sich im Zeitalter der Empfindsamkeit die Vorstellung vom Tod, dem nun auf gefühlvolle und schwermütige Weise begegnet wurde. In der Romantik wurden Friedhöfe – etwa bei Caspar David Friedrich – zu einem beliebten Motiv der Malerei oder – bei Thomas Grays »Elegie auf einem Dorfkirchhof« – zum literarischen Thema. Seiner Zeit etwas voraus, verklärte Gotthold Ephraim Lessing die Endlichkeit des Seins bereits 1769 mit der Idee vom »Tod als Schlaf«. Dem Tod als Teil des natürlichen Kreislaufs sollte nun auch die Gestaltung des Friedhofs entsprechen. Angeregt vom Ideal des englischen Landschaftsgartens arbeitete der Gartenarchitekt Christian Caius Lorenz Hirschfeld in seinem berühmten Standardwerk »Theorie der Gartenkunst« (1779-85) Konzepte aus, in denen der Friedhof nicht mehr als ein Ort des Schreckens erschien, sondern als »melancholischer Garten«. Eine künstlich geschaffene Natur sollte Stimmungen hervorrufen, »das Herz in eine Bewegung von mitleidigen, zärtlichen und sanft melancholischen Gefühlen« versetzen. Hirschfeld empfahl Pflanzen und Bäume, die allegorisch auf Tod, Trauer und Auferstehung hinweisen (u. a. Trauerweide, dunkle Tanne,

Caspar David Friedrich (1774-1840),
Friedhof im Schnee (1826/27); Öl/Lw., 30 x 26 cm

immergrüner Lebensbaum, Pappel, Zypresse, Moos, Efeu) und bis heute große Bedeutung bei der gärtnerischen Gestaltung von Friedhöfen behalten haben. Bereits die frühen Planungen, die Ludwig von Sckell zu Beginn des 19. Jahrhunderts für den Mannheimer Friedhof vornahm, sind durch Hirschfelds Theorien beeinflußt worden.

Aus diesen Anfängen entwickelte sich im Laufe des 19. Jahrhunderts das Konzept des Parkfriedhofs, das auch durch amerikanische Vorbilder beeinflußt wurde. In Hamburg-Ohlsdorf verwirklichte Wilhelm Cordes (1840-1917) den ersten deutschen Parkfriedhof: Kein Gräberfeld, sondern ein großer, künstlich angelegter Park lud nicht mehr nur zum Besuch der Toten, sondern auch zu Spaziergängen in reizvoller Natur ein. Nachdem die Aufgabe der Bestattung immer häufiger von der Kirche auf die Kommune überging, ist dieses Friedhofskonzept in zahlreichen Städten im gesamten deutschsprachigen Raum vielfach verwirklicht worden. Auch bei dem Ende des 19. Jahrhunderts angelegten Wiener Zentralfriedhof spielten gartenarchitektonische Überlegungen dieser Art eine Rolle. Doch der Parkfriedhof blieb nicht ohne Widerspruch, vor allem Vertreter der großen Konfessionen kritisierten, daß der Tod durch künstliche Natur kaschiert und der ernste Charakter eines Begräbnisplatzes in den eines Volkserholungsparks verwandelt worden sei.

Demgegenüber propagierte die Friedhofsreformbewegung die Idee des Waldfriedhofs, wie er erstmalig 1905-1907 von dem Münchner Baudirektor Hans Grässel in der bayerischen Landeshauptstadt verwirklicht wurde: Der Wald bildete den Rahmen, in den die Gräber harmonisch eingefügt wurden.

Mit dem Aufkommen der Feuerbestattung vollzog sich seit der zweiten Hälfte des 19. Jahrhunderts eine Entwicklung, die auch die Gestaltung maßgeblich bestimmte. Gegen den anfänglich heftigen Widerstand der Kirchen setzte sich die Leichenverbrennung immer stärker durch, es wurden Krematorien gebaut (das erste deutsche 1878 in Gotha), und Urnenhaine oder – wie zum Beispiel auf dem Leipziger Südfriedhof – Kolumbarien angelegt.

Daß die jüdischen Friedhöfe von den Wandlungen der konfessionell-christlichen und später kommunalen Friedhöfe nur wenig berührt wurden, hat religiöse Gründe: Nach jüdischer Vorstellung darf die Ruhe der Toten niemals angetastet werden, die Gräber bleiben ewig bestehen.

Daher werden Gräber nicht eingeebnet, Tote nicht umgebettet – ist der Friedhof voll belegt, wird er geschlossen. Von den zahlreichen mittelalterlichen jüdischen Friedhöfen sind im deutschsprachigen Raum nur noch wenige – wie »Der Heilige Sand« in Worms – erhalten. Verfolgungen und Pogrome haben im Laufe der Jahrhunderte immer wieder zur Zerstörung jüdischer Begräbnisstätten geführt. Besonders während der NS-Zeit wurden zahlreiche dieser für die jüdische Religion wie für die europäische Kultur gleichermaßen bedeutsamen Friedhöfe verwüstet oder vernichtet.

In den letzten Jahren ist das Interesse an historischen Friedhöfen stark gewachsen. Stärker als jemals zuvor ist die kulturelle und geschichtliche Bedeutung der Begräbnisplätze im allgemeinen Bewußtsein. Längst werden wertvolle Grabmäler denkmalpflegerisch betreut, und in manchen Städten haben sich auch private Förderkreise für Friedhöfe gebildet. Obwohl selbst bedeutende Friedhöfe in Reise- oder sogar Kulturführern oft nicht oder nur knapp erwähnt bzw. beschrieben werden, nimmt die Zahl der kulturgeschichtlich interessierten Friedhofsbesucher ständig zu. Oft werden Grabstätten von historischen Persönlichkeiten, von Dichtern, Komponisten, Wissenschaftlern oder Politikern gesucht, doch manch ein Friedhofsbesucher steht auch beeindruckt vor dem künstlerisch reizvollen Grabmal eines Unbekannten.

Das vorliegende Buch ist der erste Friedhofsführer für die deutschsprachigen Länder. Aus der schier unüberschaubaren Fülle der Objekte ist eine – zwangsläufig auch subjektive – Auswahl getroffen worden, die in gebotener Knappheit über die Besonderheiten von historischen Friedhöfen in Deutschland, Österreich und der Schweiz informiert.

Matthias Gretzschel

HINWEISE ZUR BENUTZUNG DES LEXIKONS

Dieses Lexikon behandelt insgesamt 144 historische Friedhöfe sowie zwei thematisch damit verbundene Museen. Innerhalb der drei Kapitel Deutschland, Österreich und Schweiz sind die Objekte in alphabetischer Reihenfolge verzeichnet. Entscheidendes Kriterium bei der Auswahl war der kulturhistorische Wert, der sich aus verschiedenen Gründen ergeben kann. Bedeutung erlangen Begräbnisstätten zunächst aufgrund ihrer Geschichte, die sich sowohl an Charakter und Gestaltung der Gesamtanlage, als auch an Bestand und Qualität der einzelnen Grabmäler erkennen läßt. Viele Besucher interessieren sich jedoch vor allem für die Grabstätten bedeutender Persönlichkeiten. Obwohl die Gestaltung der letzten Ruhestätte mitunter nur wenig oder gar nichts über das Leben und Wirken von Dichtern, Künstlern, Wissenschaftlern oder Politikern aussagt, ist die Suche nach dem Genius loci eines berühmten Grabes nicht selten der eigentliche Grund für einen Friedhofsbesuch. Obwohl diesem Interesse natürlich Rechnung getragen wird, sind nicht die einzelnen Grabstätten, sondern Friedhöfe in ihrer Gesamtheit das Thema dieses Reiselexikons. Daher konnten die Grabstätten bedeutender Persönlichkeiten (in einer aus Platzgründen recht beschränkten Auswahl) auch nur dann verzeichnet werden, wenn sie sich auf einem historischen Friedhof – nicht aber in Kirchen, gesonderten Mausoleen oder Parkanlagen – befinden. Grundsätzlich nicht berücksichtigt wurden Soldatenfriedhöfe, da es sich hier um ein eigenes Thema handelt.
Die einzelnen Einträge haben stets das gleiche Schema:

1. **Name, Postleitzahl und Ort**

2. *Lage und Erreichbarkeit*
Wenn möglich, wurden hier auch öffentliche Verkehrsmittel angegeben. Da die in den Friedhofsordnungen festgelegten Öffnungszeiten im Einzelfall häufig variieren, in der Regel aber die – jahreszeitlich wechselnden – Stunden mit Tageslicht umfassen, wurde auf entsprechende Angaben verzichtet. Jederzeit zugänglich sind aufgelassene Friedhöfe, die in Parkanlagen umgewandelt wurden.
Jüdische Friedhöfe können aus religiösen Gründen nur eingeschränkt besucht werden, Männer müssen hier grundsätzlich eine Kopfbedeckung tragen.

3. *Geschichte und Besonderheiten*
Neben der Entstehung und historischen Entwicklung werden auch besonders interessante Grabmäler oder Bauten (jeweils kursiv hervorgehoben) vorgestellt.

4. *Persönlichkeiten*
Bedeutende Personen sind in alphabetischer Ordnung aufgeführt. Dem Namen folgen jeweils die Lebensdaten (Jahreszahlen) sowie die Berufsbezeichnungen. Seltene Professionen wurden ausgeschrieben, sonst gilt das nachfolgende Abkürzungsverzeichnis:

A	=	Architekt
Ar	=	Archäologe
B	=	Bildhauer
D	=	Dichter, Schriftsteller, Autor
Erf	=	Erfinder
H	=	Historiker
I	=	Industrieller
J	=	Jurist

12

Jou = Journalist
K = Komponist
Ma = Maler, Grafiker
Me = Mediziner
Mi = Militär
Mu = Musiker, Sänger, Musik-
wissenschaftler
N = Naturwissenschaftler
P = Politiker
Pä = Pädagoge
Ph = Philosoph, Philologe
R = Regisseur

S = Schauspieler
T = Techniker
Th = Theologe
U = Unternehmer
V = Verleger

Auf eine genaue Lagebeschreibung von Prominentengräbern mußte aus praktischen Gründen verzichtet werden, in einigen Fällen ist die Lage jedoch in den Plänen verzeichnet.

DEUTSCHLAND

1 Alter Friedhof
D-99310 Arnstadt

Lage und Erreichbarkeit: In Bahnhofsnähe zwischen Wachsenburgallee, Turnvater-Jahn- und Bahnhofstraße.

Geschichte und Besonderheiten: Als Kirchhof der um 1740 entstandenen Gottesackerkirche, einem barocken Zentralbau, der heutigen katholischen Kirche, wurde dieser Friedhof zur Begräbnisstätte zahlreicher angesehener Arnstädter Bürger. Eine Tafel weist darauf hin, daß hier zwei Dutzend Mitglieder der Musikerfamilie Bach beigesetzt worden sind (J. S. Bach war 1703-1707 Organist in Arnstadt). Der Friedhof ist heute eine Parkanlage.

Persönlichkeiten: Willibald Alexis (1798-1871, D), Eugenie Marlitt (1825-1887, D).

2 Evangelischer Friedhof
D-86161 Augsburg

Lage und Erreichbarkeit: Südlich der Innenstadt zwischen Haunstetter Straße und Hochfeldstraße.

Geschichte und Besonderheiten: Schon bald nach der Reformation, die in Augsburg zwischen 1534 und 1538 stattfand, wurde dieser konfessionelle Friedhof angelegt, auf dem bedeutende Augsburger Persönlichkeiten – wie der Erbauer des Spätrenaissance-Rathauses Elias Holl – beigesetzt wurden. Auf dem Friedhof befinden sich zahlreiche wertvolle Grabmäler.

Persönlichkeiten: Elias Holl (1573-1646, A), Friedrich v. Müller (1858-1941, Me).

3 Katholischer Friedhof
D-86150 Augsburg

Lage und Erreichbarkeit: Zwischen Hauptbahnhof und Königsplatz an der Hermannstraße; vom Hauptbahnhof aus zu Fuß zu erreichen.

Geschichte und Besonderheiten: Der auch als Friedhof St. Michael bezeichnete alte Katholische Friedhof ist eng mit der Geschichte Augsburgs verbunden. Bemerkenswert ist die 1604 von dem bedeutenden Augsburger Architekten Elias Holl erbaute *katholische Friedhofskapelle St. Michael,* die 1712 umgestaltet und nach Kriegsschäden wiederhergestellt wurde. Sie gehört zu den bedeutendsten Sakralbauten Augsburgs. Hervorzuheben ist der Bestand an barocken Grabmälern.

Persönlichkeiten: Richard Euringer (1891-1953, D), Christoph v. Schmid (1768-1854, D).

4 Stadtfriedhof
D-76530 Baden-Baden

Lage und Erreichbarkeit: Friedhofsstraße, auf einem Ausläufer der Friedrichshöhe gelegen; mit Buslinie Nummer 5 bis Markgrafenplatz oder Friedrichshöhe.

Geschichte und Besonderheiten: Der malerisch gelegene Friedhof wurde 1843 angelegt. Unter zum Teil noch sehr altem Baumbestand befinden sich zahlreiche künstlerisch wertvolle Grabmale, darunter das *Denkmal der Fürstin Feodora von Hohenlohe-Langenburg,* einer Halbschwester der Königin Victoria von England. Neben der Leichenhalle steht eine *Rotunde,* die als das letzte

Blick auf den malerisch gelegenen Stadtfriedhof von Baden-Baden (4)

der Kirche, die direkt an die Befestigungsmauer grenzt, wurde zum Wehrgang ausgebildet. Bereits 1445 entstand rings um die Kirche der noch bis heute belegte Friedhof. Die Nikolaikirche wurde 1634 durch Brand zerstört und nie wieder aufgebaut. Seit 1745 erstreckt sich der Friedhof auch auf das Innere der Ruine, wodurch das Gräberfeld einen überaus malerischen Charakter erhielt.

In der Ruine und an den äußeren Kirchenmauern befinden sich die schlichten Grabstätten sorbischer Geistlicher und katholischer Bischöfe. An der Westseite des Friedhofs sind noch die Grundmauern des ehemaligen Pulverturms erhalten geblieben.

Persönlichkeiten: Auf dem Friedhof sind zahlreiche katholische Bischöfe des Bistums Meißen, das später seinen Sitz in Bautzen hatte, beigesetzt.

Werk von Heinrich Hübsch gilt, einem der bedeutendsten deutschen Architekten des 19. Jahrhunderts.

Persönlichkeiten: Werner Bergengruen (1892-1964, D), Otto Flake (1880-1963, D), Friedrich Paulus (1890-1957, Mi), Reinhold Schneider (1903-1958, D).

5 Nikolaifriedhof D-02625 Bautzen

Lage und Erreichbarkeit: Nordöstlich der Ortenburg, unmittelbar an der alten Befestigungsmauer; zu Fuß erreichbar vom Fleischermarkt über die Nikolaipforte.

Geschichte und Besonderheiten: Auf dem ehemaligen Weinberg eines Bautzener Ratsherrn wurde zwischen 1440 und 1467 die gotische Nikolaikirche erbaut. Die Nordwand

Das Gräberfeld und die Ruine der Nikolaikirche verbinden sich zu einem überaus reizvollen Ganzen (5)

6 Friedhof der St. Matthäi-Gemeinde D-10829 Berlin

Lage und Erreichbarkeit: An der Großgörschenstraße im Bezirk Schöneberg, S-Bahn bis Großgörschenstraße/Yorckstraße.

Geschichte und Besonderheiten: Zur Schöneberger St. Matthäi-Gemeinde gehörte das als »Geheimratsviertel« bezeichnete Wohngebiet, das sich zwischen dem Landwehrkanal und Tiergarten erstreckte, im Zweiten Weltkrieg jedoch fast vollständig zerstört wurde. Seit der zweiten Hälfte des 19. Jahrhunderts wohnten hier zahlreiche Wissenschaftler, Künstler und andere Prominente, die vielfach auf dem 1856 eröffneten Friedhof beigesetzt wurden. Da die Anlage in den späten 30er Jahren zugunsten eines dann infolge des Krieges doch nicht erbauten Güterbahnhofs aufgegeben werden sollte, kam es zu einigen Umbettungen auf den Stahnsdorfer Friedhof.

Persönlichkeiten: Karl Bolle (1832-1910, U), Max Bruch (1838-1920, K,Mu), Heinrich Brunner (1840-1915, J), Georg Büchmann (1842-1884, Ph), Ernst Curtius (1814-1896, Ar), Adolf Diesterweg (1790-1866, Pä), Friedrich Drake (1805-1882, B), Theobald Grieben (1826-1914, V), Jacob Grimm (1785-1863, D), Wilhelm Grimm (1786-1859, D, Brüder Grimm), Adolf von Harnack (1851-1930, Th), Wilhelm Ludwig Hertz (1822-1901, V), Gustav Robert Kirchhoff (1824-1887, N), Franz Theodor Kugler (1808-1858, D), Eilhard Mitscherlich (1794-1863, N), Wilhelm Scherer (1841-1886, Ph), Heinrich von Treitschke (1834-1896, H), Rudolf Virchow (1821-1902, Me).

7 Historische Friedhöfe in Kreuzberg D-10961 Berlin

Lage und Erreichbarkeit: Hinter der Amerika-Gedenkbibliothek, zwischen Mehringdamm und Zossener Straße; U-Bahn-Station Mehringdamm oder mit dem Bus 141 oder 241 bis Hallesches Tor.

Geschichte und Besonderheiten: 1735 wurde hier jenseits der damaligen Stadtmauern ein Friedhof für die Bewohner der Friedrichstadt angelegt, deren alte Kirchhöfe inzwischen voll belegt waren. Zunächst hatte er den Charakter eines Armenfriedhofs, seit Anfang des 19. Jahrhunderts diente er fünf Gemeinden als Begräbnisplatz, nämlich der Jerusalems und der Neuen Kirchgemeinde und in abgetrennten Bereichen auch der Dreifaltigkeits- und der Bethlehemgemeinde sowie in der gewohnten Schlichtheit der Herrnhuter Brüdergemeine. Wichtige Persönlichkeiten der Kultur- und Geistesgeschichte und zahlreiche prominente Berliner wurden hier beigesetzt.

Der älteste Berliner Friedhof, der auch heute noch belegt wird, ist auch reich an künstlerisch wertvollen Grabmälern. Dazu zählt u. a. *Eben's Begräbniß 1798*, eine bedeutende frühklassizistische Kleinarchitektur. Es ist zugleich das älteste Mausoleum Berlins. Bemerkenswert ist *Joppenfleds Erbbegräbnis*, ein Bauwerk, dessen kubische Formen von der französischen Revolutionsarchitektur beeinflußt sind.

Auf dem Kirchhof I der Jerusalems und Neuen Gemeinde findet man eines der schönsten Berliner Grabdenkmäler, auf dem allerdings keine Namensinschrift zu sehen ist: Die *Ädikula* zeigt eine von dem Bildhauer Julius Moser geschaffene trauernde Frauenfigur aus Marmor. Aufwendige Grabmäler, mit denen zu Geld gekommene Bürger ihren Erfolg dokumentierten, entstanden vor allem nach 1871 und spiegeln auf

Historische Friedhöfe
in Kreuzberg

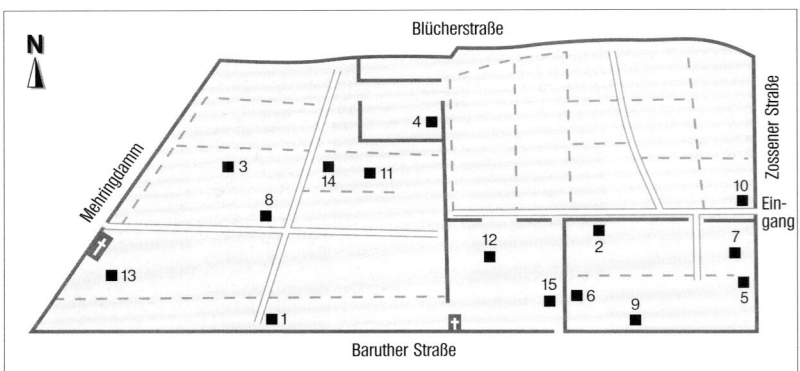

spezifische Weise den Aufstieg Berlins zur Metropole wider. Viele der historischen Kreuzberger Grabmäler befinden sich heute in keinem guten Zustand. Schaden nahmen die Friedhöfe in den 50er und 60er Jahren, als es – u.a. beim Bau der Amerika-Bibliothek – zu schmerzhaften Eingriffen in das geschichtsträchtige Areal kam.

Persönlichkeiten: Adelbert v. Chamisso (1781-1838, D), David Gilly (1748-1808, A), Adolf Glassbrenner (1810-1876, D), Johannes Evangelista Gossner (1773-1858, Th, Gründer der noch heute bestehenden Gossner-Mission), Albrecht v. Graefe (1828-1870, Me, Begründer der modernen Augenheilkunde), Ernst Heim (1747-1834, Me), Henriette Herz (1764-1847, Anregerin und prägende Persönlichkeit der Romantik), E(rnst) T(heodor) A(madeus) Hoffmann (1776-1822, D, K, Ma), August Wilhelm Iffland

Detail eines der vielen schönen Grabdenkmäler in Berlin: eine trauernde Frauenfigur aus Marmor, zu finden auf den Historischen Friedhöfen in Kreuzberg (7)

(1759-1814, S), Karl Gustav Jacob Jacobi (1804-1851, N), Georg Wenzeslaus Knobelsdorff (1699-1753, A), Karl Ferdinand Langhans d.J. (1728-1869, A), Felix Mendelssohn-Bartholdy (1809-1847, K), Antoine Pesne (1683-1757, Ma), Ernst Christian Friedrich Schering (1824-1889, I), Carl v. Siemens (1829-1906, I), Eduard v. Simson (1810-1899, P), Karl August Varnhagen von Ense (1785-1858, D), Rahel Varnhagen von Ense (1771-1833, bedeutende Frauengestalt der Romantik), Wilhelm Heinrich Wackeroder (1773-1798, Kunstschriftsteller, Grab besteht nicht mehr).

8 Invalidenfriedhof
D-10115 Berlin

Lage und Erreichbarkeit: Scharnhorststraße 33, Bus 157 oder U-Bahn bis Stadion der Weltjugend.

Geschichte und Besonderheiten: 1748 als Anstaltsfriedhof für die Verstorbenen des Invalidenhauses gegründet, wurden hier später vor allem hochrangige Angehörige des preußischen Heeres beigesetzt. Nach den Befreiungskriegen und der Revolution von 1848 bekam der Friedhof zunehmend den Charakter eines preußisch-deutschen Geschichtsdenkmals. In den 20er Jahren gab es radikale Einebnungsversuche; die Nationalsozialisten planten hier später eine gigantische Soldatenhalle (nach Entwürfen von Wilhelm Kreis und Albert Speer). 1951 ordneten die Ostberliner Behörden die Schließung des Gräberfeldes an, das beim Mauerbau zum Grenzgelände wurde und zwischen 1961 und 1989 kaum zugänglich war. In dieser Zeit kam es auch zur Verwüstung vieler Grabmäler. Ostberlin tat sich ohnehin mit diesem preußisch-deutschen Erbe schwer, so daß der Friedhof in der zu DDR-Zeiten erschienenen Berlin-Literatur meistens nicht erwähnt werden durfte.

Ein Blickfang auf dem Invalidenfriedhof ist das von Schinkel entworfene Scharnhorst-Grabmal; den Löwen modellierte Chr. D. Rauch (8)

Heute bemüht sich ein »Förderverein Invalidenfriedhof« im Rahmen des Programms der Berliner Denkmalpflege um die Erhaltung. Bemerkenswert sind zahlreiche Grabmäler, darunter das von Schinkel entworfene *Grabmal für Scharnhorst*, dessen Löwe von Christian Daniel Rauch modelliert wurde.

Persönlichkeiten: Hermann v. Boyen (1771-1848, Mi), Friedrich Friesen (1784-1814, Mitbegründer der deutschen Turnbewegung), Werner Freiherr v. Fritsch (1880-1939, Mi, Gegner Hitlers), Friedrich v. Holstein (1837-1909, P), Manfred v. Richthofen (1892-1918, Mi), Gerhard Johann David v. Scharnhorst (1755-1813, Mi), Alfred Graf v. Schlieffen (1833-1913, Mi), Hans v. Seekt (1866-1936, Mi), Bogislaw Graf Tauentzien v. Wittenberg (1760-1824, Mi), Ernst Troeltsch (1865-1923, Th), Ernst Udet (1896-1941, Mi).

9 Jüdischer Friedhof an der Schönhauser Allee D-10435 Berlin

Lage und Erreichbarkeit: Im Stadtbezirk Prenzlauer Berg, an der Schönhauser Allee 21-23; U-Bahn bis Schönhauser Allee.

Geschichte und Besonderheiten: Am 29. Juni 1827 weihte der Rabbiner Jacob Joseph Oettinger diesen Friedhof, der sich damals am Alten Wege nach Pankow vor dem Schönhauser Tor befand. Bald darauf errichtete der bedeutende klassizistische Architekt Friedrich Wilhelm Langhans auch eine Trauerhalle und ein Gebäude für die rituellen Totenwaschungen, die jedoch 1890 durch neue Friedhofsbauten ersetzt wurden. Wie auf christlichen Friedhöfen, wurden auch hier Erbbegräbnisse eingerichtet, zum Teil als Wandgräber.
Während die Inschriften der älteren Gräber in hebräischer Sprache abgefaßt sind, setzt sich später die deutsche Sprache zunehmend durch, was als Beleg der Assimilation der Berliner Juden zu werten ist. Viele der Grabmäler sind von herausragender künstlerischer Qualität, das Spektrum reicht vom Klassizismus über die verschiedenen Neo-Stile bis hin zu Jugendstil, Art deco und Neuer Sachlichkeit. Auch nachdem die Jüdische Gemeinde 1880 einen neuen Friedhof erhielt, wurden hier – vor allem in den Erbbegräbnissen – Gemeindeangehörige bestattet.
Im Zweiten Weltkrieg beschädigt, verwahrloste der Friedhof, der auch zur DDR-Zeit wiederholt Ziel von mutwilligen Beschädigungen war, immer mehr. Seit 1975 steht er unter Denkmalschutz, doch erst 1984 konnte mit einer denkmalpflegerischen Instandsetzung begonnen werden.

Persönlichkeiten: Ludwig Bamberger (1823-1899, P), Ludwig Geiger (1848-1919, Ph), Jenny Hirsch (1829-1902, D, Frauenrechtlerin), Max Liebermann (1847-1935, Ma), Giacomo Meyerbeer (1794-1864, K), Leopold Ullstein (1826-1899, V).

10 Jüdischer Friedhof Weißensee D-13088 Berlin

Lage und Erreichbarkeit: Im Stadtteil Weißensee an der Herbert-Baum-Straße und Indira-Gandhi-Straße; Straßenbahnlinien 2, 3, 4 bis Antonplatz.

Geschichte und Besonderheiten: Als der »Gute Ort« in Weißensee 1880 – nach den Begräbnisplätzen auf der Großen Hamburger Straße und der Schönhauser Allee – als dritter jüdischer Friedhof Berlins angelegt wurde, lag er noch weit außerhalb Berlins. Die Gestaltung der weiträumigen Anlage geht auf den späteren Leipziger Stadtbaudirektor Hugo Licht (1841-1923) zurück, der auch die markante *Trauerhalle* aus

Gedenkstein für die Opfer des Holocaust am Eingang des Jüdischen Friedhofs Berlin-Weißensee (10)

Jüdischer Friedhof
Weißensee

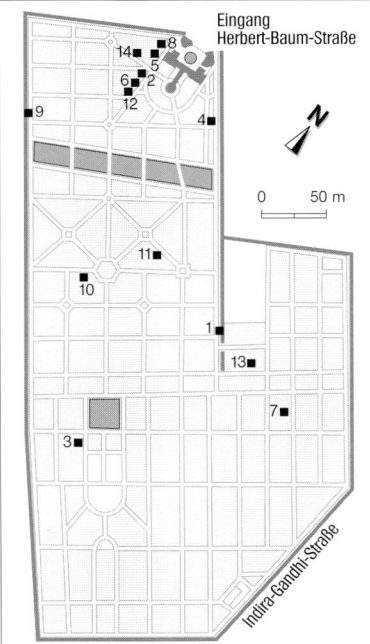

Eingang
Herbert-Baum-Straße

0   50 m

Indira-Gandhi-Straße

1 Oskar Blumenthal	8 Louis Lewandowski
2 Hermann Cohen	9 Rudolf Mosse
3 Samuel Fischer	10 Paul Nathan
4 Albert Fraenkel	11 Hermann Tietz
5 Karl Emil Franzos	12 Lesser Ury
6 Eugen Goldstein	13 Richard Wilde
7 Leo Hirsch	14 Theodor Wolff

gendes in Wissenschaft oder Kultur leisteten. In unmittelbarer Nähe steht ein schwarzer Gedenkstein, der an die vielfach noch jugendlichen Angehörigen der antifaschistischen Widerstandsgruppe Herbert Baum erinnert, die 1942/43 hingerichtet wurden.

Auf dem Friedhof sind neben vielen schlichten Grabsteinen auch jene überaus aufwendigen Erbbegräbnisse zu finden, mit denen um die Jahrhundertwende jene zu Reichtum gelangten jüdischen Familien Berlins ihren Erfolg zum Ausdruck brachten. Dazu zählt auch das von dem Architekten Bruno Schmitz entworfene *Mausoleum des Kommerzienrats Sigmund Aschrott*. Ein 1927 eingerichteter *Ehrenhain* mit einem kubischen Gedenkstein erinnert an die im Ersten Weltkrieg gefallenen jüdischen Soldaten. Während der NS-Zeit wurde der Weißenseer Friedhof für viele verfolgte Juden zum letzten Zufluchtsort. Einige von ihnen konnten hier tatsäch-

Grabmal von Herbert Baum, der ebenso wie die Mitglieder seiner Widerstandsgruppe von den Nationalsozialisten hingerichtet wurde (10)

gelben Klinkern im Stil der italienischen Neorenaissance entwarf. Mit etwa 115000 Grabstätten auf einer Fläche von 42 Hektar ist er der größte jüdische Friedhof in Europa. Am Friedhofseingang Herbert-Baum-Straße steht ein *Gedenkstein für die Opfer der NS-Zeit* mit der folgenden Inschrift: »Gedenke Ewiger, was uns geschehen. Gewidmet dem Gedächtnis unserer ermordeten Brüder und Schwestern 1933-1945 und den Lebenden, die das Vermächtnis der Toten erfüllen sollen/ Die Jüdische Gemeinde zu Berlin«. Rechter Hand des Haupteingangs erstreckt sich die Reihe der Ehrengräber, in denen jene Persönlichkeiten beigesetzt wurden, die sich um die Berliner Jüdische Gemeinde verdient gemacht haben oder Herausra-

lich überleben und wurden am 23. April 1945 von der Roten Armee befreit.

Persönlichkeiten: Oskar Blumenthal (1852-1917, D), Hermann Cohen (1842-1918, Ph), Samuel Fischer (1859-1934, V), Albert Fraenkel (1848-1916, Me), Karl Emil Franzos (1848-1904, D), Eugen Goldstein (1850-1930, N), Leo Hirsch (1903-1943, Jou,D), Louis Lewandowski (1821-1894, K,Mu), Rudolf Mosse (1843-1920, V), Hermann Tietz (1837-1907, U), Alex und Doris Tucholsky (1855-1905 und 1869-1943, Eltern von Kurt Tucholsky), Lesser Ury (1861-1931, Ma), Richard Wilde (1872-1938, Jou,D), Doris Wittner (1880-1937, D), Theodor Wolff (1868-1943, P,Jou).

(Farbige Abbildung siehe Seite 65)

dere Wissenschaftler und Künstler bevorzugten das in der Nähe des Stadtzentrums gelegene Areal für ihre Gräber, so daß sich der anfangs bescheidene Friedhof schon bald zu Deutschlands wichtigstem Prominentenfriedhof entwickelte. Auch in der DDR-Ära änderte sich daran nichts; so erhielt die Akademie der Künste nach dem Krieg ein eigenes Terrain, auf dem sie ihre ehemaligen Mitglieder bestatten konnte.

Der Haupteingang befindet sich an der Chausseestraße 126 zwischen dem Hugenottenfriedhof und dem Brecht-Zentrum, das im ehemaligen Wohnhaus des ebenfalls auf dem Friedhof bestatteten Dichters untergebracht ist. Das Gelände ist übersichtlich gestaltet. Rechts des Hauptweges befindet sich zunächst das Verwaltungsgebäude, dahinter eine Kapelle. Die meisten Prominentengräber liegen linker Hand des Hauptweges, in dessen hinterem Bereich ein *Lutherdenkmal* steht.

11 Kirchhof der Dorotheenstädtischen und Friedrichswerderschen Gemeinde D-10115 Berlin

Lage und Erreichbarkeit: Chausseestraße 126, zentral gelegen nahe der Friedrichstraße, S- oder U-Bahn bis Oranienburger Tor.

Geschichte und Besonderheiten: 1763 als Friedhof der Dorotheenstädtischen und der Friedrichswerderschen Gemeinde gegründet, kam in unmittelbarer Nachbarschaft wenige Jahre später der *Hugenottenfriedhof* (der in Berlin ansässigen französisch-reformierten Gemeinde) hinzu. Durch den starken Bevölkerungszuwachs mußte das Gelände im 19. Jahrhundert mehrfach vergrößert werden. Dank der relativen Nähe der Universität und der Akademien der Künste und der Wissenschaften, gehörte der Friedhof zum Einzugsgebiet vieler bedeutender Persönlichkeiten, die hier ihre Grabstätten fanden. Aber auch zahlreiche an-

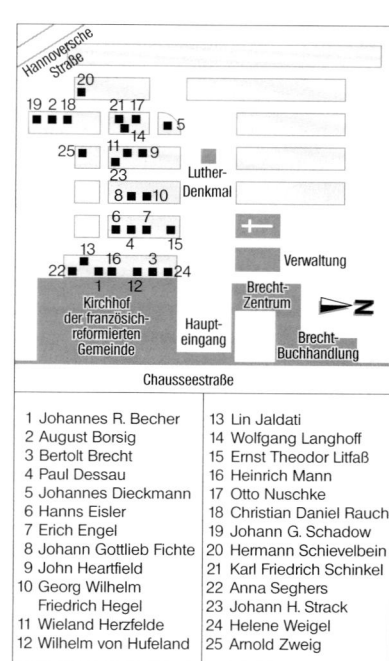

Kirchhof der Dorotheenstädtischen und Friedrichswerderschen Gemeinde

1 Johannes R. Becher	13 Lin Jaldati
2 August Borsig	14 Wolfgang Langhoff
3 Bertolt Brecht	15 Ernst Theodor Litfaß
4 Paul Dessau	16 Heinrich Mann
5 Johannes Dieckmann	17 Otto Nuschke
6 Hanns Eisler	18 Christian Daniel Rauch
7 Erich Engel	19 Johann G. Schadow
8 Johann Gottlieb Fichte	20 Hermann Schievelbein
9 John Heartfield	21 Karl Friedrich Schinkel
10 Georg Wilhelm	22 Anna Seghers
Friedrich Hegel	23 Johann H. Strack
11 Wieland Herzfelde	24 Helene Weigel
12 Wilhelm von Hufeland	25 Arnold Zweig

Für viele andere hat er großzügige Grabdenkmäler modelliert (vgl. S. 17, Grabmal von Scharnhorst), sein eigenes ist vergleichsweise bescheiden: Christian Daniel Rauch (11)

Während des Zweiten Weltkriegs wurde das Friedhofsgelände stark in Mitleidenschaft gezogen, doch schon seit Beginn der 50er Jahre begann das Institut für Denkmalpflege mit der Restaurierung der kulturgeschichtlich bedeutsamen Grabmäler. Heute wird der vorzüglich gepflegte Friedhof von der Denkmalschutzbehörde beim Landeskonservator betreut. Im Eingangsbereich erleichtert eine Orientierungstafel das Auffinden der berühmten Grabstätten. In der Südwestecke des Friedhofs erinnert ein hohes schwarzes Kreuz und ein hellgrauer Gedenkstein an Widerstandskämpfer und einige Unbekannte, die noch in den letzten Kriegstagen im Mai 1945 ermordet wurden oder infolge der Kampfhandlungen umkamen.

Persönlichkeiten: Johannes R. Becher (1891-1958, D,P), Ruth Berghaus (1927-1996, R), August Borsig (1804-1854, I), Bertolt Brecht (1898-1956, D), Paul Dessau (1894-1979, K), Johannes Dieckmann (1893-1969, P), Hanns Eisler (1898-1962, K), Erich Engel (1891-1966, R), Johann Gottlieb Fichte (1762-1814,

Ph), John Heartfield (1891-1968, Ma), Georg Wilhelm Friedrich Hegel (1770-1831, Ph), Wieland Herzfelde (1896-1988, D,V), Christoph Wilhelm v. Hufeland (1762-1836, Me), Lin Jaldati (1912-1988, Mu), Wolfgang Langhoff (1901-1966, R,S), Ernst Theodor Litfaß (1816-1874, er erfand die nach ihm benannte Litfaßsäule, die 1855 erstmals aufgestellt wurde), Heinrich Mann (1871-1950, D), Heiner Müller (1929-1995, D,R), Otto Nuschke (1883-1957, P), Christian Daniel Rauch (1777-1857, B), Johann Gottfried Schadow (1764-1850, B), Hermann Schievelbein (1816-1867, Ma), Karl Friedrich Schinkel (1781-1841, A), Anna Seghers (1900-1971, D), Johann Heinrich Strack (1805-1880, Ma), Helene Weigel (1900-1971, S), Arnold Zweig (1887-1968, D).

Auf dem direkt benachbarten Hugenottenfriedhof (Chausseestraße 127): Daniel Chodowiecki (1727-1801, Ma), Ludwig Devrient (1784-1832, S).

(Farbige Abbildung siehe Seite 66)

12 Städtischer Friedhof Heerstraße D-14053 Berlin

Lage und Erreichbarkeit: In direkter Nachbarschaft des Olympiastadions im Stadtteil Grunewald, U-Bahn 2 bis Olympiastadion.

Geschichte und Besonderheiten: 1924 zunächst als Gemeindefriedhof für den Bereich Berlin-Heerstraße angelegt, stand das Areal, das seit 1950 Eigentum des Landes Berlin ist, schon bald allen Konfessionen offen. Besonders reizvoll ist der Parkcharakter des Geländes, das zu der länglichen Fläche des Sausuhlensees hin abfällt. Die etwa 150 Meter vom Eingang entfernt gelegene, von dem Architekten Erich Blunck errichtete *Kapelle* wurde 1935 auf Befehl Hitlers teilweise abgetragen, da der Friedhof, auf dem zahlreiche prominente Juden beigesetzt waren, seiner Meinung nach sonst für die Besucher des Olympiastadions zu dominant gewesen wäre.
Der vor allem wegen seiner idyllischen Lage geschätzte Friedhof wurde zur letzten Ruhestätte von zahlreichen Schauspielern, Schriftstellern, Malern und Bildhauern. Eine ganze Reihe künstlerisch wertvoller Grabmäler, wie zum Beispiel die von dem Bildhauer Georg Kolbe für sich und seine Familie geschaffene Grabstätte, zeugen vom hohen lokal- und kulturgeschichtlichen Rang des Friedhofs.

Persönlichkeiten: Conrad Ansorge (1862-1930, K,Mu), Ferdinand Bruckner (1891-1958, D), Paul Cassirer (1871-1926, V), Theodor Däubler (1876-1934, D), Tilla Durieux (1880-1971, S), Kurt Goetz (1888-1960, D,S), Georg Grosz (1893-1959, Ma), Thea v. Harbou (1888-1954, D), Maximilian Harden (1861-1927, D), Felix Hollaender (1867-1931, D,R), Arno Holz (1883-1929, D), Georg Kolbe (1877-1947, B), Willi Kollo (1904-1988, K,D), Victor de Kowa (1904-1973, S), Helene Lange (1848-

1930, Frauenrechtlerin), Joachim Ringelnatz (1883-1934, D), Arnold Schering (1877-1941, Mu), Carl Schumann (1869-1946, erster deutscher Olympiasieger, gewann bei den 1. Olympischen Spielen 1896 in Athen vier Goldmedaillen), Franz Ullstein (1868-1945, V), Hans Ullstein (1859-1935, V), Paul Wegener (1874-1948, S), Grethe Weiser (1903-1970, S).

13 Städtischer Zentralfriedhof Friedrichsfelde D-10365 Berlin

Lage und Erreichbarkeit: Gudrunstraße, unweit vom Bahnhof Lichtenberg; U- und S-Bahn-Anschluß.

Geschichte und Besonderheiten: 1881 wurde in Friedrichsfelde der erste kommunale Armenfriedhof Berlins eröffnet. Die gärtnerische Gestaltung nach Entwurf des Gartenarchitekten Hermann Mächtig (1837-1909) entsprach dem Ideal eines Parkfriedhofs, wie er wenige Jahre zuvor bereits in Hamburg-Ohlsdorf verwirklicht wurde. Dank dieser reizvollen Gestaltung wurde der Friedhof auch für wohlhabende Berliner interessant, was sich an einer großen Zahl z. T. künstlerisch wertvoller Erbbegräbnisse ablesen läßt, die vor allem auf einer Allee unmittelbar auf der östlichen Hauptachse hinter der Feierhalle zu finden sind.
Seinen besonderen Charakter erhielt der Friedhof jedoch erst, nachdem hier Wilhelm Liebknecht, einer der Gründerväter der Sozialdemokratie, beigesetzt wurde. Zu seiner Beerdigung kamen im August 1900 mehr als 120000 Menschen. Von nun an wurde der Friedhof zu einer bevorzugten Begräbnisstätte prominenter Sozialdemokraten.
Nachdem hier auch die beiden in der Novemberrevolution (1918) ermordeten Führer des Spartakusbundes, Rosa Luxemburg und Karl Liebknecht, beigesetzt worden waren, er-

Zentrum der »Gedenkstätte der Sozialisten« auf dem Friedhof in Friedrichsfelde: ein vier Meter hoher Porphyrblock; die Gedenkstätte wurde zu DDR-Zeiten errichtet, um die Grabstätten der alten Sozialdemokraten mit denen von Kommunisten und SED-Funktionären in einer einzigen Anlage zu verbinden; sie soll als Geschichtsmonument erhalten bleiben (13)

hielt der Friedhof auch für die kommunistische Bewegung besondere Bedeutung. An den Grabstellen der beiden Revolutionäre wurde 1924 ein *Monument* des Bauhausarchitekten Mies van der Rohe (1886-1969) eingeweiht, das die Nationalsozialisten im Januar 1935 zerstören ließen. Nach dem Krieg stellte man ein *Erinnerungsmal an das Monument von Mies van der Rohe* auf: zugleich entstand auf dem Friedhof die »Gedenkstätte der Sozialisten«, die die Grabstätten der alten Sozialdemokraten mit denen von Kommunisten und SED-Funktionären in einer einzigen Anlage verband und damit die kommunistische Doktrin von der in der SED angeblich verwirklichten »Einheit der Arbeiterbewegung« symbolisierte. Im Zentrum der Anlage erhebt sich ein vier Meter hoher *Porphyrblock* mit der Aufschrift »Die Toten mahnen uns«. Ringsum sind nicht nur Grabstätten sondern auch Erinnerungstafeln an im KZ hingerichtete kommunistische und sozialdemokratische Widerstandskämpfer wie Ernst Thälmann und Rudolf Breitscheid zu finden. Auf der Rückseite der Gedenkstätte erstreckt sich am Pergolenweg ein Areal, auf dem sich mehr als 300 einheitlich gestaltete Grabstätten von prominenten SED-Politikern und Protagonisten der DDR (wie dem ersten »Aktivisten« Adolf Hennecke und dem »Atomspion« Klaus Fuchs aber auch dem DEFA-Regisseur Konrad Wolf) befinden. Zur DDR-Zeit war die »Gedenkstätte der Sozialisten« Jahr für Jahr am 17. Januar, dem Todestag von Rosa Luxemburg und Karl Liebknecht, Schauplatz großer politischer Aufmärsche. Am Rande einer solchen »antifaschistischen Demonstration« wurden 1988 mehr als 120 Mitglieder von Friedens-, Umwelt- und Menschenrechtsgruppen festgenommen, die sich mit eigenen Transparenten (u. a. dem Luxemburg-Zitat »Freiheit ist immer Freiheit der Andersdenkenden«) angeschlossen hatten. Nach der Wende war die Ge-

denkstätte mehrfach Ziel von Schmierereien, inzwischen scheint jedoch der Fortbestand der Anlage als Geschichtsmonument gesichert zu sein.

Persönlichkeiten: Otto Grotewohl (1894-1964, P), Käthe Kollwitz (1867-1945, Ma), Karl Legien (1861-1920, P), Karl Liebknecht (1871-1919, P), Wilhelm Liebknecht (1826-1900, P), Rosa Luxemburg (1870-1919, P), Franz Mehring (1846-1919, P), Ernst Hermann Meyer (1905-1988, K), Paul Meyerheim (1842-1915, Ma), Herbert Nachbar (1930-1980, D), Otto Nagel (1894-1967, Ma), Wilhelm Pieck (1876-1960, P, erster und einziger DDR-Präsident), Ludwig Renn (1889-1979, D), Julius Rodenberg (1831-1914, D), Paul Singer (1844-1911, P), Alex Wedding (1905-1966, D), Erich Weinert (1890-1953, D), F. C. (Franz Carl) Weiskopf (1900-1955, D), Paul Wiens (1922-1982, D), Friedrich Wolf (1888-1953, D), Konrad Wolf (1925-1982, R).

14 Friedhof der Bethelschen Anstalten D-33617 Bielefeld

Lage und Erreichbarkeit: Straßenbahnlinie 1 bis Bethelweg, Eingang Am Zionswald.

Geschichte und Besonderheiten: 1872 gründete der Theologe Friedrich v. Bodelschwingh in Bethel die Bethelschen Anstalten, eine der größten caritativen Einrichtungen Deutschlands. Der dazugehörige Friedhof, auf dem vor allem Diakonissen beigesetzt werden, wurde mit seinen gleichmäßigen Gräberreihen nach dem Vorbild des Friedhofs der Herrnhuter Brüdergemeine gestaltet.

Persönlichkeiten: Friedrich v. Bodelschwingh (1831-1910, Th), Friedrich v. Bodelschwingh ((1877-1946, Th).

15 Alter Friedhof
D-53111 Bonn

Lage und Erreichbarkeit: Am Alten Friedhof, westlich vom Stadtzentrum, in wenigen Minuten zu Fuß zu erreichen.

Geschichte und Besonderheiten: 1715 wurde dieser Friedhof außerhalb der Stadtmauern von Kurfürst Joseph Clemens zur Entlastung des auf dem heutigen Römerplatz gelegenen mittelalterlichen Begräbnisplatzes gegründet. Zunächst wurden hier nur »gemeine Einwöhner, Paßanten und Soldaten« beigesetzt, von 1787 bis zu seiner Schließung 1884 war der »Alte Friedhof« dann jedoch die einzige Begräbnisstätte Bonns. Seither werden nur noch in wenigen Ausnahmefällen Prominente auf diesem Friedhof beigesetzt, der Grabstätten zahlreicher bedeutender Persönlichkeiten aus Kunst und Wissenschaft beherbergt. Hervorzuheben ist die künstlerische Qualität vieler Grabmäler, die u. a. von Karl Friedrich Schinkel, Christian Daniel Rauch und August Stüler geschaffen wurden.

Die *Friedhofskapelle*, ein bedeutender Bau aus der späten Romanik, stand ursprünglich als Deutschordenskapelle in Ramersdorf und wurde 1846-50 mit Unterstützung von Friedrich Wilhelm IV. auf den Friedhof versetzt.

Persönlichkeiten: Friedrich Wilhelm August Argelander (1799-1875, N), Ernst Moritz Arndt (1799-1860, D), Maria Magdalena van Beethoven (1746-1787, Mutter des Komponisten), Sulpiz Boisserée (1783-1854, H), Rudolf Claudius (1822-1888, N), Friedrich Diez (1794-1876, G), Barthold Georg Niebuhr (1776-1831, H), Charlotte v. Schiller ((1766-1826, Gattin des Dichters), August Wilhelm v. Schlegel (1767-1845, D), Adele Schopenhauer (1797-1849, D), Clara Schumann geb. Wieck (1819-1896, K), Robert Schumann (1810-1856, K), Hermann Usener (1834-1905, Ph).

Stille Musik der Musen an der letzten Ruhestätte von Clara Wieck und Robert Schumann: Das eindrucksvolle Grabmal des berühmten Musikerehepaares befindet sich auf dem Alten Friedhof von Bonn (15)

16 Poppelsdorfer Friedhof
D-53115 Bonn

Lage und Erreichbarkeit: Vom Poppelsdorfer Schloß über den Stationsweg oder mit dem Bus zur Ippendorfer Allee.

Geschichte und Besonderheiten: Seit dem Ende des 19. Jahrhunderts wurden auf diesem reizvoll gelegenen Friedhof bedeutende Persönlichkeiten der Stadt, darunter Universitätsprofessoren und Industrielle beigesetzt. Einige Grabmäler – wie etwa die Grabkapelle der Industriellenfamilie Soennecken – sind besonders aufwendig gestaltet.

Persönlichkeiten: Felix Hausdorff (1868-1942, N), August Kekulé v. Stradonitz (1829-1896, N).

17 Alter Burgfriedhof
D-53177 Bonn-Bad Godesberg

Lage und Erreichbarkeit: Am Burgfriedhof, westlich der Godesburg, von der Altstadt zu Fuß zu erreichen.

Geschichte und Besonderheiten: Auf mehreren Terrassen unterhalb der Godesburg wurde dieser Friedhof im 19. Jahrhundert angelegt. Geprägt wird die reizvoll gelegene Begräbnisstätte vor allem von aufwendig gestalteten Grabmälern aus dem späten 19. Jahrhundert.

Persönlichkeiten: Paul Kemp (1899-1953, S), Herbert Wehner (1906-1990, P).

18 Hauptfriedhof
D-38126 Braunschweig

Lage und Erreichbarkeit: Helmstedter Straße 38, Buslinie 12.

Geschichte und Besonderheiten: Im 19. Jahrhundert angelegt, geht die gärtnerische Gestaltung mit ihrer barockisierenden Wegführung auf Gustav Burmeester zurück. Bemerkenswert ist das ehemalige *Mausoleum der Familie Beutler,* ein achteckiger Zentralbau mit Kuppel, der jetzt als Feierraum für Urnenbeisetzungen genutzt wird.

◁ »*Dem Meister der Freundschaft*«
*ein Plätzchen zum Verweilen: das
Grabmal des Dichters Alfred Walter
von Heymel* (19)

*Diese Aufnahme vermittelt einen
guten Eindruck von dem parkartig
gestalteten Friedhof Riensberg in
Bremen* (19) △

Persönlichkeiten: Hermann Blume-
nau (1819-1899, gründete 1850 in
Brasilien die deutsche Kolonie Blu-
menau), Heinrich Büssing (1843-
1929, I), Rudolf Huch (1862-1943,
D), Wilhelm Raabe (1831-1910, D).

19 Riensberger Friedhof
D-28213 Bremen

Lage und Erreichbarkeit: Buslinie
30, Straßenbahnlinie 6.

Geschichte und Besonderheiten: Auf
Beschluß des Bremer Senats wurde
1871 auf der leichten Anhöhe des
Riensbergs ein neuer Friedhof angelegt, der damals noch eine Weg-
stunde von der Stadt entfernt war.
1875 eingeweiht, diente er als Ersatz
für die aufgelassenen Friedhöfe vor
dem Doventor und dem Herdentor.

Die Planungen des Aachener Land-
schaftsgärtners Jancke fügten auf
reizvolle Weise einen See in das Gelände mit ein. An dessen Westufer
wurde nach dem Entwurf des Architekten Heinrich Behrens 1907 eines
der ersten norddeutschen *Krematorien* in einer Stilmischung von Neo-
klassizismus und Jugendstil erbaut.
Interessante Grabmäler aus dem
späten 19. und frühen 20. Jahrhundert prägen diesen parkartig gestalteten Friedhof.

Persönlichkeiten: Karl Carstens
(1914-1992, P), Heinrich Focke
(1890-1979, Erf,I), Alfred Walter v.
Heymel (1878-1914, D), Hermann
Heinrich Meier (1809-1898, Begründer des Norddeutschen Lloyd),
Heinrich Müller (1819-1890, A), Gustav Pauli (1866-1938, Ph, Direktor
der Kunsthalle), Magdalene Pauli
(1875-1970, D).

20 Alter Friedhof
D-31675 Bückeburg

Lage und Erreichbarkeit: Im erst 1928 eingemeindeten Ortsteil Jetenburg, Jetenburger Straße/Alter Weg.

Geschichte und Besonderheiten: Auf diesem bereits im Mittelalter angelegten Friedhof befindet sich eine bedeutende *Friedhofskapelle*, die 1570 bis 1573 anstelle eines älteren Vorgängerbaus errichtet wurde. Zu den bemerkenswertesten Denkmälern gehört die aufwendig gestaltete Grabstätte in historisierenden Formen mit verziertem Eisengitter für Louise von Lehzen, die Erzieherin der späteren englischen Königin Victoria.

Persönlichkeiten: Johann Christoph Friedrich Bach (1732-1795, Mu).

21 Ehemalige Friedhöfe
D-29223 Celle

Lage und Erreichbarkeit: Nördlich der Allerbrücke, beiderseits der Harburger Straße.

Geschichte und Besonderheiten: Drei historische Friedhöfe bilden einen zusammenhängenden Bereich, der nur durch die Harburger Straße getrennt wird. Dabei handelt es sich um den Alten Bürgerfriedhof, den Hehlentorfriedhof und um den Garnisonsfriedhof. Diese für die Geschichte der Stadt Celle bedeutsamen Begräbnisstätten wurden aufgegeben und zu einer Parkanlage umgestaltet. Einige der wertvollen alten Grabmäler blieben jedoch erhalten, sind allerdings teilweise in sehr schlechtem Zustand.

22 Alter Friedhof
D-64283 Darmstadt

Lage und Erreichbarkeit: Nieder-Ramstädter-Straße, Straßenbahnlinien 9, 10.

Geschichte und Besonderheiten: Die heute als Alter Friedhof bezeichnete Begräbnisstätte wurde von der Stadt 1828 angelegt. Da die Belegung zügig erfolgte, mußte der Friedhof in den Jahren 1848, 1873 und schließlich 1894 zu seiner heutigen Größe erweitert werden. Den ältesten Teil bildet der nördliche Bereich, hier befindet sich auch eine große Zahl klassizistischer Grabmäler von bemerkenswerter künstlerischer Qualität, u. a. das *Grabmal Georg Moller*. Um die Jahrhundertwende kamen eine ganze Reihe anspruchsvoll gestalteter Jugendstilgrabmäler hinzu. Die neoklassizistische *Friedhofskapelle* wurde 1860 erbaut und zur Jahrhundertwende geringfügig umgestaltet.

Persönlichkeiten: Otto Bartning (1883-1959, A), Karl Friedrich Borée (1886-1964, D), Ludwig Büchner

(1824-1899, Med, Ph, Bruder des Dramatikers Georg Büchner), Heinrich Frh. v. Gagern (1799-1880, P), Ludwig Hoffmann (1852-1932, A), Ernst Kreuder (1903-1972, D), Elisabeth Langgässer (1899-1950, D), Heinrich Emanuel Merck (1794-1855, I), Georg Moller (1784-1952, A).

23 Waldfriedhof
D-64285 Darmstadt

Lage und Erreichbarkeit: Straßenbahnlinien 9, 10.

Geschichte und Besonderheiten: 1914, unmittelbar vor Ausbruch des Ersten Weltkriegs gegründet, wurde die hufeisenförmige Anlage 1922 endgültig fertiggestellt. Die architektonisch anspruchsvollen *Friedhofsbauten* (Krematorium, Trauer- und Aussegnungshalle sowie Leichenhaus) wurden von August Buxbaum im historisierenden Stil erbaut. An der Westseite, zu Füßen des *Ehrenmals für die Gefallenen* beider Weltkriege, befindet sich ein *Gräberfeld* mit den Bombenopfern der Nacht vom 11./12.9. 1944 (12000 Tote).

Der Waldfriedhof verfügt über einen herausragenden Bestand von expressionistischen Grabmälern, die interessantesten liegen an der Südseite.

Persönlichkeiten: Eugen Bracht (1842-1921, Ma), Heinrich v. Brentano (1904-1964, P), Carlo Mierendorff (1897-1943, P).

◁ *Elisabeth Langgässer fand ihre letzte Ruhe auf dem Alten Friedhof in Darmstadt, der eine Vielzahl klassizistischer Grabmäler von bemerkenswerter künstlerischer Qualität aufweist* (22)

24 Neuer Begräbnisplatz (Alter Friedhof)
D-06842 Dessau

Lage und Erreichbarkeit: Straßenbahnlinien 1, 2.

Geschichte und Besonderheiten: Nach ähnlichem Leitbild wie der Gottesacker der Herrnhuter Brüdergemeine wurde dieser Friedhof 1787 im Auftrag des Fürsten Leopold III. Friedrich Franz von Anhalt-Dessau angelegt. Er löste die innerstädtischen Friedhöfe ab. Der von dem Architekten Friedrich Wilhelm von Erdmannsdorff als streng geometrische Anlage mit quadratischem Grundriß gestaltete Friedhof spiegelt die Ideen der Aufklärung wider. Unabhängig von Standesunterschieden wurden die Toten der Reihe nach auf den Rasenflächen beerdigt.
Eindrucksvoll ist das große, an einen Triumphbogen erinnernde klassizistische *Portal* des Friedhofs, das 1787 nach Entwurf von Erdmannsdorff entstand. Dort finden sich die für diesen Friedhof charakteristischen Inschriften: »Kein Tod und kein Grabmal mehr auf der Neuen Erde Gefilden« und »Tod ist nicht Tod, ist nur Veredelung sterblicher Natur«. Philosophen und Schriftsteller – wie Hölderlin und Schelling – besuchten den Friedhof und erwähnten in ihren Schriften auch das Tor. Bereits im frühen 19. Jahrhundert übte der Friedhof eine enorme Anziehungskraft auf Reisende aus, die von der heiteren Ruhe der Begräbnisstätte beeindruckt waren. »Ja wem man von nun an was Gutes wünschen will, dem rufe man zu: Stirb zu Dessau!«, wird eine zeitgenössische Quelle zitiert.

Persönlichkeiten: Johannes Bernhard Basedow (1724-1790, Reformpädagoge), Friedrich Wilhelm v. Erdmannsdorff (1736-1800, A), Wilhelm Müller (1794-1827, D), Nikolaus Abramowitsch Putjatin (1749-1830) (russ. Fürst, Mäzen).

Der Äußere (Neue) Katholische Friedhof ergänzte ab 1875 den älteren, sog. Inneren Katholischen Friedhof in Dresden (25)

25 Äußerer (Neuer) Katholischer Friedhof
D-01067 Dresden

Lage und Erreichbarkeit: Bremer Straße, Straßenbahnlinie 1.

Geschichte und Besonderheiten: 1875 als zweiter katholischer Friedhof in der Friedrichstadt angelegt. Hier befinden sich die Gräber von 528 während der NS-Zeit hingerichteten Menschen aus 35 Staaten. Erhalten blieben einige interessante Grabmäler aus dem späten 19. Jahrhundert.

Persönlichkeiten: Adrian Ludwig Richter (1803-1884, Ma).

(Farbige Abbildung siehe Seite 67)

26 Eliasfriedhof
D-01307 Dresden

Lage und Erreichbarkeit: Güntzplatz/Ziegelstraße, Straßenbahnlinien 6, 13, 16, 26 bis Sachsenplatz; zur Zeit nicht öffentlich zugänglich.

Geschichte und Besonderheiten: 1680 als Pestfriedhof angelegt, diente er zunächst als Armenfriedhof, wurde jedoch im 18. Jahrhundert zum Begräbnisplatz wohlhabender Bürger. 1724 nach Plänen von George Bähr erweitert, war der Eliasfriedhof 1876 voll belegt und wurde geschlossen. Die teilweise kunsthistorisch bedeutenden Gräber (einige nach Entwürfen von Caspar David Friedrich) sind vielfach verwittert, mitunter auch zerstört. Seit einigen Jahren gibt es Bemühungen um eine denkmalpflegerische Betreuung und Rekonstruktion dieses für die Kulturgeschichte Dresdens bedeutsamen Friedhofs.

Persönlichkeiten: Carl August Böttiger (1760-1835, Ar,Ph), Johann Christian Clausen Dahl (1788-1857, Ma), Johann Christian Kirchner (1691-1732, B), Gottlob Friedrich Thormeyer (1775-1835, A).

Blick auf den Inneren Katholischen Friedhof, auf dem zahlreiche Persönlichkeiten der deutschen Kulturgeschichte beigesetzt wurden (27) ▷

27 Innerer (Alter) Katholischer Friedhof
D-01067 Dresden

Lage und Erreichbarkeit: Friedrichstraße, Straßenbahnlinie 9 bis Friedrichstädter Krankenhaus.

Geschichte und Besonderheiten: 1721 für den Hofstaat der katholischen Schwiegertochter Augusts des Starken angelegt, wurde dieser zunächst einzige katholische Friedhof im protestantischen Dresden bald zur Begräbnisstätte namhafter Persönlichkeiten, darunter zahlreicher Künstler. Nach dem mißlungenen polnischen Aufstand von 1830 fanden viele Emigranten hier ihre letzte Ruhestätte. Der Friedhof ist reich an künstlerisch wertvollen Grabmälern; u. a. befindet sich hier das Grabdenkmal, das der Zwinger-Bildhauer Balthasar Permoser für sich selbst geschaffen hat.

Persönlichkeiten: Giovanni Batista Casanova (1730-1795, Ma, Akademiedirektor), Pierre Coudray (1678-1727, B), Ernst Julius Hähnel (1811-1891, B), Gerhard v. Kügelgen (1772-1820, Ma), Balthasar Permoser (1651-1732, B), Franz Pettrich (1770-1844, B), Friedrich v. Schlegel (1772-1829, D), Carl Maria v. Weber (1786-1826, K, sein Leichnam wurde 1844 aus London auf diesen Friedhof überführt).

(Farbige Abbildung siehe Seite 67)

28 Innerer Neustädter Friedhof
D-01097 Dresden

Lage und Erreichbarkeit: Friedensstraße/Conradstraße, Straßenbahnlinien 13, 16.

Geschichte und Besonderheiten: 1733 stellte August der Starke ein weit vor den Toren der Stadt gelegenes Stück Land zur Verfügung, das als Ersatz für den alten Dreikönigskirchhof dienen sollte. In direkter Nachbarschaft einer vielbefahrenen Bahnlinie und eines Betriebsgeländes wirkt der Friedhof heute wie ein den Zeiten entrücktes Areal. Innerhalb Sachsens gibt es nur ganz wenige Friedhöfe, auf denen so zahlreiche barocke Grabmale zu finden sind. Nach jahrzehntelanger Vernachlässigung stimmt der Zustand vieler historisch bedeutsamer Gräber oft bedenklich. Seit einigen Jahren bemüht sich die Friedhofsleitung – unterstützt von Stadt und Kirche – um

Innerer Neustädter Friedhof

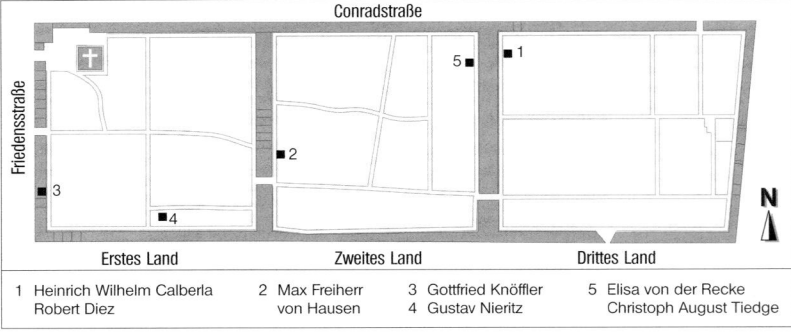

Erstes Land	Zweites Land	Drittes Land	

1 Heinrich Wilhelm Calberla
   Robert Diez
	2 Max Freiherr
	   von Hausen
		3 Gottfried Knöffler
		4 Gustav Nieritz
			5 Elisa von der Recke
			   Christoph August Tiedge

Erhaltung und schrittweise Rekonstruktion des bedeutenden Friedhofs.

Die *Friedhofskapelle* wurde von dem klassizistischen Architekten Christian Traugott Weinling erbaut. Der ursprünglich an der gegenüberliegenden Wand befindliche, 12,5 Meter lange Fries »Der Totentanz« (von Christoph Walter I. 1534 geschaffen) hängt seit 1991 in der restaurierten Dreikönigskirche.

Familiengrab auf dem Inneren Neustädter Friedhof in Dresden, der Mitte des 18. Jahrhunderts den Dreikönigskirchhof abgelöst hat (28)

Persönlichkeiten: Robert Diez (1844-1922, B), Max Freiherr v. Hausen (1846-1922, Mi,P) Gottfried Knöffler (1715-1779, B), Gustav Nieritz (1795-1876, D), Elisabeth von der Recke (1776-1833, D), Christoph August Tiedge (1752-1841, D).

29 Johannisfriedhof mit Krematorium und Urnenhain Tolkewitz
D-01279 Dresden

Lage und Erreichbarkeit: Wehlener Straße, Straßenbahnlinien 2,6,10.

Geschichte und Besonderheiten: Für die Gemeinden der Kreuz-, Frauen- und Johanniskirche wurde im Tolkewitzer Tännicht 1881 der Johannisfriedhof eröffnet. Zahlreiche bedeutende Persönlichkeiten der Stadt, aber auch Opfer politischer Auseinandersetzungen (z. B. des Kapp-Putsches) sowie verstorbene KZ-Häftlinge wurden hier beigesetzt. Ein *Denkmal* erinnert an die in Dresden ermordeten tschechoslowakischen und polnischen Widerstandskämpfer, ein *Ehrenhain* ist den Opfern des Luftangriffs vom 13. Februar 1945 gewidmet.

Direkt an den Johannisfriedhof grenzt das 1911 von Fritz Schumacher erbaute *Krematorium*, das zu den bedeutendsten monumentalen Bauten des deutschen Jugendstils

*Blick vom weitläufigen Urnenhain Tolkewitz auf den angren-
zenden Johannisfriedhof in Dresden (29)*

gehört. Die Schaufront mit ihrer
doppelläufigen Treppe spiegelt sich
eindrucksvoll in der Wasserfläche eines Bassins. Der plastische Schmuck
an der Einsegnungshalle stammt von
dem Bildhauer Georg Wrba. Der
Bau wird umgeben von einem weitläufigen Urnenhain. In einer zeitgenössischen Veröffentlichung von
1911 heißt es: »In der Gesamtanlage
der neuen Feuerbestattungsanstalt
werden Natur und Architektur zu einer stimmungsvollen Gesamtwir-
kung vereint.«

Persönlichkeiten: Ferdinand Dorsch
(1875-1938, Ma), Hubert Georg Er-
misch (1883-1951, Ar), Cornelius
Gurlitt (1850-1938, H, Denkmalpfle-
ger), Ludwig Hartmann (1836-1910,
K), Friedrich Preller d. J. (1838-1901,
Ma).

Im Urnenhain: Heinrich Barkhau-
sen (1858-1956, N), Gotthardt Kuehl
(1851-1915, Ma), Oskar Seyffert
(1862-1940, Gründer des Dresdner
Volkskunstmuseums), Karl Woermann (1844-1933, H).

(Farbige Abbildung siehe Seite 65)

30 Matthäusfriedhof (Innerer)
D-01067 Dresden

Lage und Erreichbarkeit: Friedrichstraße, gegenüber dem Inneren Katholischen Friedhof; Straßenbahnlinie 9 bis Friedrichstädter Krankenhaus.

Geschichte und Besonderheiten: Direkt hinter der barocken Matthäus-
kirche, in der der Zwinger-Baumei-
ster Matthäus Daniel Pöppelmann
beigesetzt wurde, legte man 1725 einen evangelischen Friedhof an.
Aus der Frühzeit der Begräbnisstätte sind einige barocke Grabmäler erhalten geblieben. Außerdem
finden sich hier bedeutende Grabmäler aus dem frühen 19. Jahrhundert.

Persönlichkeiten: Johann Andreas
Schubert (1808-1870, T), Wilhelm
Walther (1826-1913, Ma).

31   Trinitatisfriedhof
D-01307 Dresden

Lage und Erreichbarkeit: Fiedlerstraße, Straßenbahnlinien 4, 6, 18, 26.

Geschichte und Besonderheiten: Nach der Schlacht um Dresden 1813 und einer anschließenden Epidemie wurde dieser Friedhof 1815 angelegt. Die planmäßig gestaltete Anlage entstand nach einem Entwurf des klassizistischen Architekten Gottlob Friedrich Thormeyer. Rechts des Haupteingangs erinnert ein 10 Meter hoher *Obelisk* an die 75 gefallenen Teilnehmer des Dresdner Maiaufstandes von 1849. Einige der Grabmäler gehen auf Entwürfe von Caspar David Friedrich und Ernst Rietschel zurück.

Persönlichkeiten: Carl Gustav Carus (1789-1869, Ma, Me), Caspar David Friedrich (1774-1840, Ma), Anton Graff (1736-1813, Ma, Grab eingeebnet), Friedrich Kind (1768-1843, D), Constantin Lipsius (1832-1894, A), Ferdinand von Rayski (1806-1890, Ma), Ernst Rietschel (1804-1861, B), Julius Scholtz (1825-1893, Ma), Friedrich Wieck (1785-1873, Mu), Karl Gottfried Winkler (1775-1856, D).

32   Alter Golzheimer Friedhof
D-40477 Düsseldorf

Lage und Erreichbarkeit: An der Rückseite des Oberlandesgerichts, von der Kleverstraße durchschnitten; U-Bahn bis Kleverstraße, Buslinien 722, 831.

Geschichte und Besonderheiten: Dieser etwa 500 Meter lange Begräbnisplatz wurde 1804 von M. F. Weyhe gärtnerisch gestaltet. Nach der Ortschaft Golzheim benannt, blieb er bis 1884 Düsseldorfs Hauptfriedhof. Wegen seiner reizvoll gestalteten Baumreihen und Buschgruppen galt er als einer der schönsten Friedhöfe in Deutschland. 1883 geschlossen – die Nutzungsrechte waren abgelaufen – steht der Friedhof unter Denkmalschutz und ist als Parkanlage zugänglich.
Eine ganze Reihe historisch bedeutsamer Grabstellen (vor allem wertvolle klassizistische Grabmäler) blieben erhalten. Zahlreiche Künstler und bedeutende Persönlichkeiten der Stadtgeschichte wurden hier beigesetzt.

Persönlichkeiten: Karl Leberecht Immermann (1796-1840, D), Alfred Rethel (1816-1859, Ma), Wilhelm v. Schadow (1788-1862, Ma).

◁ *Trinitatisfriedhof in Dresden: Grabstätte von Carl Gustav Carus, einem der universalsten Geister des 19. Jahrhunderts* (31)

*Grabplatte von Alfred Rethel auf dem Alten Golzheimer Fried-
hof in Düsseldorf, mittlerweile eine denkmalgeschützte Parkanlage; langsam gewinnt die Natur ihr Terrain zurück* (32)

33 Nordfriedhof
D-40468 Düsseldorf

Lage und Erreichbarkeit: In der Golzheimer Heide an der Ulmenstraße/Danziger Straße; Straßenbahnlinien 707, 702 oder Buslinien 722, 727.

Geschichte und Besonderheiten: Nach der Schließung des Alten Golzheimer Friedhofs 1883 gegründet, entstand hier der größte und bedeutendste Düsseldorfer Friedhof. Gestaltet wurde er von dem Gartenarchitekten Eduard Hoppe aus Pankow, der einen Entwurfswettbewerb für sich entschieden hatte. Er bezog das hügelige Gelände in seine Planung mit ein, um die Friedhofsbauten in einer Nord-Süd-Achse plazieren zu können. Dabei entstand eine weitläufige Anlage mit neugotischen Bauten, die der Stadtbaumeister Albert Westhofen ausführte. Die *Friedhofskapelle* entstand 1886, in den Jahren 1910-12 wurde sie mit einem Fresko »Christi Himmelfahrt« nach einem Entwurf von Eduard von Gebhard geschmückt. 1921

Der Düsseldorfer Nordfriedhof ist u. a. bekannt dafür, daß hier zahlreiche Maler, Bildhauer und Schriftsteller bestattet wurden; so auch der Dichter Hanns Heinz Ewers (33)

schufen H. Nolte und H. Goerke ein neoklassizistisches Mahnmal mit einer Christusfigur für die Opfer des Ersten Weltkriegs.
Während der NS-Zeit spielte der Friedhof in der Propaganda eine besondere Rolle: Ein 30 Meter hohes Stahlkreuz verklärte den nationalsozialistischen »Märthyrer« Albert Leo Schlageter. Nach der Entfernung dieses Denkmals wurde 1958 an gleicher Stelle ein *Mahnmal für die Toten des Zweiten Weltkriegs* errichtet. Das nach Entwürfen von Jupp Rübsam von Erich Moog in dunkler Basaltlava ausgeführte zehn Meter hohe Monument zeigt die allegorischen Darstellungen der Tugenden Glaube, Liebe und Hoffnung.
Neben der zum Teil herausragenden künstlerischen Qualität seiner Grabmäler hat der Friedhof Bedeutung als Ruhestätte von Industriellen, die die Entwicklung der Stadt seit Beginn der Industriellen Revolution vorantrieben, sowie von zahlreichen Düsseldorfer Malern und Bildhauern. Zu den bedeutendsten Grabmälern gehört das Mausoleum für die Familie Henkel (von Karl Janssen), das Jugendstil-Grabmal für F. und A. Zinzen (von Wilhelm Kreis) und das Grab von Louise Dumont (von Ernst Barlach).

Persönlichkeiten: Andreas Achenbach (1815-1910, Ma), Emil Barth (1900-1958, D), Eduard Bendemann (1811-1889, Ma), Louise Dumont-Lindemann (1862-1932, S), Hanns Heinz Ewers (1871-1943, D), Eduard v. Gebhardt (1838-1925, Ma), Peter Janssen (1844-1908, Ma), Rosemarie Nitribitt (1933-1957, prominente Prostituierte, machte in den 50er Jahren Schlagzeilen), Clara Viebig (1860-1952, D).

34 Alter Friedhof
D-24937 Flensburg

Lage und Erreichbarkeit: Treppengang oberhalb des Südergrabens hinauf zu dem erhöht liegenden Areal.

Geschichte und Besonderheiten: 1813 als erste nichtkirchliche Begräbnisstätte in Schleswig-Holstein gegründet, wurden hier zahlreiche Gefallene der Kämpfe von 1848, 1850 und 1864 beigesetzt. Ein *Ehrenmal* mit weißleuchtenden Namenstafeln erinnert an die Kriegstoten der schleswig-holsteinisch-dänischen Auseinandersetzungen.
Bemerkenswert sind zahlreiche klassizistische Grabmäler, wie z. B. eine weiße *Marmorsphinx* auf der Grabstätte Görrissen, die der Berliner Bildhauer Christian Daniel Rauch geschaffen hat. Die *Kapelle*, ein eindrucksvoller klassizistischer Kuppelbau, stammt von dem dänischen Architekten Axel Bundsen.

35 Alter Jüdischer Friedhof
D-60311 Frankfurt/Main

Lage und Erreichbarkeit: Mit U- oder S-Bahn bis Konstablerwache, von da zu Fuß über Kurt-Schumacherstraße zur Battonnstraße.

Geschichte und Besonderheiten: Dieser Friedhof ist einer der ältesten erhaltenen Zeugen der langen Geschichte der Frankfurter Juden. 1662 gegründet, entstand er in jenem Gebiet, das zwei Jahre zuvor den Juden als Getto zugewiesen worden war. Aus Platzgründen wurde der Friedhof 1828 geschlossen.
In der NS-Zeit kam es zu mutwilligen Zerstörungen. Dennoch blieben etwa 5500 Grabsteine, darunter einige vom ältesten jüdischen Friedhof in der Nähe des Doms, erhalten. Bemerkenswert ist die einzigartige Geschlossenheit und historische Kontinuität des Gräberfelds. Bedeutende Persönlichkeiten befinden sich auf dem Ehrenfeld im westlichen Teil der Anlage.

Persönlichkeiten: Mayer Amschel Rothschild (1743-1812, Begründer des Bankhauses Rothschild).

Klassizistisches Portal zum 1828 eröffneten jüdischen Friedhof direkt neben dem Hauptfriedhof in Frankfurt/Main; der Eingang liegt an der Rat-Beil-Straße (36)

Das sog. »Alte Portal« vom Hauptfriedhof in Frankfurt/Main, das vom Stadtbaumeister Friedrich Rumpf entworfen wurde; prägend sind die beiden dorischen Säulen im Mittelbau (36)

36 Hauptfriedhof D-60318 Frankfurt/Main

Lage und Erreichbarkeit: Im Norden der Stadt an der Eckenheimer Landstraße, U-Bahnlinie 5.

Geschichte und Besonderheiten: 1828 wurde dieser Friedhof von dem Frankfurter Stadtgärtner Sebastian Rinz als Parkanlage im Stil eines Englischen Gartens angelegt. Man betritt den Friedhof durch das von Stadtbaumeister Friedrich Rumpf entworfene *Alte Portal*, dessen Mittelbau von dorischen Säulen gerahmt ist. Der Friedhof, der bereits im 19. Jahrhundert stark anwuchs, beherbergt bedeutende Grabmäler aus dem Klassizismus und aufwendige Sepulkralplastik des Historismus. Den östlichen Abschluß bildet eine die ganze Friedhofsbreite einnehmende *Arkadenreihe*, unter deren Bögen sich die Grabmäler bedeutender Frankfurter Familien befinden. Der noch im 19. Jahrhundert um das Doppelte vergrößerte und 1907 bis 1912 erneut erweiterte Friedhof erhielt Anfang dieses Jahrhunderts ein *Neues Portal mit Trauer- und Totenhalle sowie Krematorium* nach Entwürfen der Berliner Architekten Heinrich Reinhardt und Georg Süßenguth.

Auf dem heute insgesamt etwa 75 Hektar umfassenden Gräberfeld erinnern *Denkmäler an die Toten der Weltkriege und an die Opfer des Nationalsozialismus.*

Im Ostteil wurde 1828 ein separater *jüdischer Friedhof (Rat-Beil-Straße)* angelegt, der durch ein klassizistisches Portal (ebenfalls von F. Rumpf) zu betreten ist (Schlüssel außerhalb der Öffnungszeiten in einem direkt gegenüberliegenden Ladengeschäft).

Persönlichkeiten: Theodor Adorno (1903-1969, Ph), Ernst Beutler (1885-1960, Ph), August Euler (1868-1957, Flugpionier), Anselm v. Feuerbach (1775-1833 J), Karl Ferdinand Gutzkow (1811-1878, D), Heinrich Hoffmann (1809-1894, Med,D), Ricarda Huch (1864-1947, D), Ernst May (1886-1970, A), Cäcilie Sophie Charlotte Mendelssohn-Bartholdy (1817-1853, Gattin des Komponisten), Dorothea v. Schlegel (1763-1839, D), Pauline Schmidt (1840-1856) (Das »Paulinchen« aus dem »Struwwelpeter«), Arthur Schopenhauer (1788-1860, Ph), Edward Steinle (1810-1886, Ma).

Auf dem jüdischen Friedhof (Rat-Beil-Straße): Paul Ehrlich (1854-1915, Med,N), Leopold Sonnemann (1831-1909, V).

(Weitere Abbildung siehe Seite 37)

37 Neuer Jüdischer Friedhof
D-60320 Frankfurt/Main

Lage und Erreichbarkeit: Eckenheimer Landstraße, im Anschluß westlich an den Hauptfriedhof; U-Bahnlinie 5.

Geschichte und Besonderheiten: Nachdem der ältere, ebenfalls in direkter Verbindung zum Hauptfriedhof angelegte jüdische Friedhof belegt war, wurde dieser neue Friedhof Ende der 20er Jahre dieses Jahrhunderts eröffnet.
Ein besonderes architektonisches Gepräge erhielt dieser bis heute genutzte Friedhof durch das aus Rotklinkern in den Jahren 1928-29 errichtete *Friedhofsgebäude* im Eingangsbereich nach Entwurf des Architekten Fritz Natha.

Persönlichkeiten: Franz Rosenzweig (1886-1929, Ph).

Das aus Rotklinkern errichtete Friedhofsgebäude am Neuen Jüdischen Friedhof in Frankfurt/Main (37)

38 Petersfriedhof
D-60313 Frankfurt/Main

Lage und Erreichbarkeit: Zwischen Bleichstraße und Stephanstraße, Straßenbahnlinie 12.

Geschichte und Besonderheiten: Im Jahre 1452 wurde die Peterskapelle zur Pfarrkirche für den nördlichen Teil der zu jener Zeit entstehenden Neustadt. Nach Schließung des Domfriedhofs diente sie vielen Patrizierfamilien als Grabstätte. Rings um die Kirche entstand ein Friedhof, der nach der Reformation vor allem von protestantischen Bürgern genutzt wurde. Die spätgotische Peterskirche wurde 1895 abgebrochen. Kurz zuvor war an der Bleichstraße eine *neugotische Kirche* nach Entwürfen der Architekten Dinklage und Griesebach fertiggestellt worden. An der Straßenfront ist die Kopie einer bedeutenden Kreuzigungsgruppe von Hans Backoffen aus dem Jahre 1511 zu sehen, die ursprünglich zum Domfriedhof gehörte und deren Originalteile sich im Historischen Museum befinden.

Persönlichkeiten: Johann Kaspar Goethe (1710-1782, Vater des Dichters), Katharina Elisabeth Goethe geb. Textor (1731-1808, Mutter des Dichters), Matthäus Merian d. J. (1621-1687, Ma).

39 Alter Friedhof
D-79104 Freiburg

Lage und Erreichbarkeit: Zwischen Karlstraße und Stadtstraße; Straßenbahnlinie 5 bis Siegesdenkmal, Buslinie 14 bis Hochmeisterstraße.

Geschichte und Besonderheiten: Schon seit dem frühen 16. Jahrhundert lag der Alte Friedhof außerhalb der Stadt. Der heutige Friedhof wurde 1638 nördlich des bereits 1515 angelegten Nicolaifriedhofs eröffnet. 1788 erhielt er Außenmauern, bei verschiedenen Erweiterungen nahm die Anlage im 19. Jahrhundert eine nahezu quadratische Form an. Im ältesten Teil liegt die *Friedhofskapelle*, die 1722 erbaut wurde. Eine Vielzahl wertvoller Grabdenkmäler aus Spätbarock, Rokoko, Klassizismus und Historismus zeugen von der Bedeutung dieses Friedhofs, der durch die Ende der 20er Jahre des 19. Jahrhunderts eingeführten Reihenbegräbnisse einen einheitlichen Charakter erhielt. Unter alten Bäumen bieten die vielfach von Efeu überwucherten Grabmäler ein malerisches Bild. Eines der schönsten Gräber ist das der *Witwe Marg. Küsswieder* aus dem Jahre 1790 mit einem Relief ihrer neun Kinder und der Inschrift »Sie war ganz, doch nicht zu sehr Mutter«.

Persönlichkeiten: Anselm Feuerbach (1798-1851, Ar), Bartholomä Herder (1774-1839, V), Johann Georg Jacobi (1740-1814, Ph), Christian Wenzinger (1710-1797, Ma,A).

40 Hauptfriedhof
D-79106 Freiburg

Lage und Erreichbarkeit: Friedhofsstraße, in unmittelbarer Nachbarschaft der Universitätskliniken, Straßenbahnlinie 4.

Geschichte und Besonderheiten: Von dem prachtvollen *Portal* mit drei Bö-

Alter Friedhof

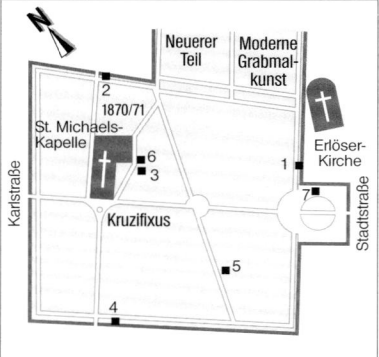

1 Anselm Feuerbach
2 Bartholomä Herder
3 Johann G. Jacobi
4 Karl v. Rotteck
5 Heinrich Sautier
6 Ferdinad G. Wenker
7 Christian Wenzinger

gen führt der Weg zur *Aussegnungshalle*, einem aufwendig gestalteten Kuppelbau in Neorenaissanceformen. Direkt davor befindet sich die Gedenkstätte für die 2242 Opfer des Luftangriffs vom 27. November 1944 – ein Grabhügel, der von 50 Sandsteinplatten eingefaßt ist. Hinter der Halle liegt der *Ehrenfriedhof* für die Teilnehmer beider Weltkriege. Auf dem Hauptfriedhof, der in den Jahren 1872-1899 angelegt wurde, befinden sich etwa 120000 Grabstellen.

Persönlichkeiten: Ludwig Aschoff (1866-1942, Med), Karl Friedrich Baedeker (gest. 1979, V), Rudolf Binding (1867-1938, D), Ernst Robert Curtius (1886-1956, Ph), Eugen Fischer (1874-1967, N), Max v. Gallwitz (1852-1937, Mi), Emil Gött (1864-1908, D), Willibald Gurlitt (1889-1963, Mu), Franz Xaver Kraus (1840-1901, Th), Alfred Kühn (1885-1968, N), Karl Benno v. Mechow (1897-1960, D), Hugo Sellheim (1871-1936, Med), Hermann Staudinger (1881-1965, N), Joseph Wirth (1879-1956, P).

41 Friedhof an der Remonstrantisch-reformierten Kirche D-25840 Friedrichstadt

Lage und Erreichbarkeit: Prinzeß-straße 29, vom Markt zu Fuß zu erreichen.

Geschichte und Besonderheiten: Der kleine Friedhof liegt direkt hinter der *Remonstrantisch-reformierten Kirche*, die als reizvoller klassizistischer Bau in den Jahren 1852 bis 1854 entstanden ist. Friedhof und Kirche sind historische Zeugnisse der Remonstranten, die im 17. Jahrhundert als Religionsflüchtlinge aus den Niederlanden kamen und von Herzog Friedrich III. von Schleswig-Holstein-Gottorf die Möglichkeit erhielten, sich mit Friedrichstadt eine eigene Stadt zu erbauen. Die meisten Grabmäler sind jüngeren Datums, doch einige interessante Grabsteine in schlichten klassizistischen Formen blieben erhalten.

42 Alter Friedhof D-35394 Gießen

Lage und Erreichbarkeit: Licher Straße, Buslinie 2 bis Nahrungsberg.

Geschichte und Besonderheiten: Im 16. Jahrhundert gegründet, hat die parkähnliche Anlage Umfassungsmauern und ein Portal aus dem 17. Jahrhundert. Die *Kapelle* entstand 1623 bis 1625 nach Plänen von Johannes Ebel zum Hirsch und wurde von Hugo von Ritgen, dem Restaurator der Wartburg, im 19. Jahrhundert umgestaltet. Kunsthistorisch bedeutend sind viele Grabmäler aus dem 16. bis 20. Jahrhundert.

Persönlichkeiten: Wilhelm Konrad Röntgen (1845-1923, N), Robert v. Schlagintweit (1833-1885, N).

43 Alter Friedhof an der Nikolaikirche D-02826 Görlitz

Lage und Erreichbarkeit: Bogstraße, in der Nikolaivorstadt, Buslinie C.

Geschichte und Besonderheiten: Der bereits im Mittelalter bestehende Friedhof war Begräbnisstätte der Nikolaivorstadt, die als ältestes Siedlungsterrain von Görlitz gilt. Auf dem seit langem aufgelassenen Friedhof befinden sich zahlreiche *barocke Grüfte und Grabmäler* von herausragender künstlerischer Qualität.

Persönlichkeiten: Jacob Böhme (1575-1624, Ph), Minna Herzlieb (1789-1865, Goethes Vorbild für die »Ottilie« in den »Wahlverwandtschaften«.

(Farbige Abbildungen siehe Seite 68)

◁ *Grab der Familie Röntgen; hier ist auch Wilhelm Konrad, der Entdecker der nach ihm benannten Strahlen, bestattet worden* (42)

Urnenhalle auf dem Hauptfriedhof in Gotha;
1878 wurde hier das erste Krematorium in Deutschland
in Betrieb genommen (44)

44   Hauptfriedhof
D-99867 Gotha

Lage und Erreichbarkeit: Langensalzaer Straße, Buslinie.

Geschichte und Besonderheiten: Auf dem Gothaer Hauptfriedhof fand am 10. Dezember 1878 die erste Leichenverbrennung in Deutschland statt. Gegen große Widerstände war in dem liberal regierten kleinen Herzogtum Sachsen-Coburg-Gotha das erste deutsche Krematorium erbaut worden. Die *Urnenhalle* galt im späten 19. Jahrhundert als ebenso modern wie Einäscherung als Bestattungsart. Die Urnen stehen auf Postamenten in einem Säulengang, der einen Raum umschließt, der von einer an Bahnhofsbauten des Historismus erinnernden Glaskonstruktion überspannt wird.

Persönlichkeiten: Bertha Freifrau v. Suttner (1843-1914, D, Pazifistin).

(Farbige Abbildung siehe Seite 70)

Malerische Grabstätte auf dem Hauptfriedhof in Gotha (44)

45 Albani Friedhof
D-37073 Göttingen

Lage und Erreichbarkeit: Zwischen Schildweg und Wall, vom Hauptbahnhof leicht zu Fuß zu erreichen (Richtung Stadthalle).

Geschichte und Besonderheiten: 1783 von der Albani- und der Nikolai-Gemeinde gemeinsam im Bereich der früheren Festungsanlage gegründet, hatte die Anlage bis zur Eröffnung des Stadtfriedhofs (1881) große Bedeutung. Nach seiner Schließung wurde der Friedhof parkähnlich umgestaltet. Dabei blieben einige wertvolle Grabmäler aus dem 18. und 19. Jahrhundert erhalten. Heute ist der Albani Friedhof Teil des Cheltenham-Parks.

Persönlichkeiten: Johann Friedrich Blumenbach (1752-1840, Med), Karl Friedrich Gauß (1777-1855, N), Rudolf Hermann Lotze (1817-1881, Ph).

Links im Bild das Sandsteingrabmal des Mathematikers und Epigrammdichters Abraham G. Kästner (46)

46 Bartholomäi-Friedhof
D-37073 Göttingen

Lage und Erreichbarkeit: Weender Landstraße, vom Hauptbahnhof leicht zu Fuß zu erreichen (Richtung Universität).

Geschichte und Besonderheiten: Auf Veranlassung des Universitätskurators v. Münchhausen wurde dieser älteste erhaltene Friedhof Göttingens 1747 auf dem Gelände des alten Bartholomäus-Spitals vor dem Weender Tor angelegt. Er wurde von der Johannis- und der Jakobikirchengemeinde bis 1991 genutzt.
An der Westmauer befinden sich zwei interessante Gruftbauten von 1755 (Erbbegräbnis Ayrer) und 1766 (Erbbegräbnis Richter). 1895 wurde eine überlebensgroße Statue des Gottfried August Bürger (nach Entwurf von G. Eberlein) aufgestellt, die jedoch nicht in direktem opti-

schen Zusammenhang mit dem Grab des Dichters steht.

Persönlichkeiten: Gottfried August Bürger (1747-1794, D), Georg Christoph Lichtenberg (1742-1799, N,D).

47 Stadtfriedhof
D-37081 Göttingen

Lage und Erreichbarkeit: An der Kasseler Landstraße, Buslinien 3, 9.

Geschichte und Besonderheiten: 1881 als moderner kommunaler Friedhof gegründet, haben hier zahlreiche bedeutende Persönlichkeiten aus Kunst und Wissenschaft ihre letzte Ruhestätte gefunden. Mit den Gräbern von acht Nobelpreisträgern (Born, Hahn, v. Laue, Nernst, Planck, Wallach, Windaus und Zsigmondy) ist der Göttinger Stadtfriedhof in Deutschland konkurrenzlos. Aus Platzgründen wurde die Anlage bereits 1899/1900 erheblich erweitert. Aus dieser Zeit stammen die Umfriedung sowie die *Bau-*

Einer von acht Nobelpreisträgern, die auf dem Göttinger Stadtfriedhof bestattet wurden: Max Planck (47)

ten am Haupteingang Kasseler Landstraße.
Die ebenfalls um die Jahrhundertwende von dem Architekten Gerber
erbaute *Kapelle* ist ein aus Tuffbruch
und Sandstein errichteter Zentralbau über kreuzförmigem Grundriß,
der sich an den Formen der rheinischen Spätromanik orientiert.
An der heutigen Nordostecke befindet sich der *Jüdische Friedhof*, der
bereits seit der Mitte des 17. Jahrhunderts besteht. Bemerkenswert
sind hier einige Gruftbauten aus
dem späten 19. Jahrhundert.

Persönlichkeiten: Lou Andreas-Sa-
lomé (1861-1937, D), Max Born
(1882-1970, N), Friedrich Gogarten
(1887-1967, Th), Otto Hahn (1879-
1968, N), Otto Erich Hartleben
(1864-1905, D), Max v. Laue (1879-
1960, N), Walter Nernst (1864-1941,
N), Hermann Oncken (1869-1945,
H), Max Planck (1858-1947, N), Albrecht Ritschl (1822-1889, Th), Otto
Wallach (1847-1931, N), Wilhelm
Weber (1804-1891, N), Adolf Windaus (1876-1959, N), Richard Zsigmondy (1865-1929, N).

48 Stadtgottesacker
D-06108 Halle

Lage und Erreichbarkeit: In unmittelbarer Nähe des Stadtzentrums,
östlich des Marktes über den Hanse-
ring und die Wilhelm-Külz-Straße.

Geschichte und Besonderheiten: Der
im 16. Jahrhundert am Fuße des
Martinsberges errichtete Stadtgottesacker gehört zu Deutschlands bedeutendsten Begräbnisstätten. Er
wurde nach dem jenseits der Alpen
selten verwirklichten Vorbild eines
Camposanto gestaltet.
Mit der Trennung von Kirche und
Kirchhof/Friedhof mußte eine neue
Gestaltungskonzeption gefunden
werden, die uns hier mit einer ein-
drucksvollen Arkadenarchitektur
begegnet. Das weiträumige Geviert
des Friedhofes wird von 94 Arkaden
eingefaßt, unter deren weitgezoge-
nen Bögen wertvolle Grabdenkmäler Schutz vor den Witterungsein-
flüssen finden. Während in diesen

*Blick auf die eindrucksvolle Arkaden-
architektur des Stadtgottesackers in
Halle, der nach dem Vorbild eines
Camposanto gestaltet wurde (48)*

Arkaden, die zum Teil mit kostbaren schmiedeeisernen Gittern versehen sind, reiche Familien ihre letzte Ruhestätte fanden, wurden die weniger Privilegierten auf dem Friedhofsareal in herkömmlicher Weise beigesetzt.

Besonders markant ist der 1590 vollendete *Torturm* an der Westseite mit Volutengiebel und bekrönender Laterne. Über dem inneren Torbogen ist die Kopie eines Reliefs zu sehen, das ein Selbstbildnis des ausführenden Architekten – des Ratsbaumeisters Nickel Hofmann – zeigt. Das Original befindet sich heute in der Moritzburg. Der Hallenser Stadtgottesacker steht zwar unter Denkmalschutz, der Zustand vieler seiner Grabmäler ist dennoch äußerst kritisch.

Persönlichkeiten: August Hermann Francke (1663-1727, Th), Robert Franz (1815-1892, D), Christian Thomasius (1655-1728, Ph), Richard Volkmann (1830-1889, Med).

Die Gräber von Matthias Claudius und seiner Frau Rebecca sind mit die interessantesten Anziehungspunkte auf dem Kirchhof in Wandsbek (49)

49 Alter Kirchhof Wandsbek D-22041 Hamburg

Lage und Erreichbarkeit: Nahe der Christuskirche, Robert-Schumann-Brücke/Marktstraße; U-Bahn-Haltestelle Wandsbek Markt (U1); ständig zugänglich.

Geschichte und Besonderheiten: Auf dem ältesten Friedhof des seit 1937 zu Hamburg gehörigen Ortes Wandsbek befinden sich bedeutende Grabmäler aus dem 18. und 19. Jahrhundert. Herausragend ist das *Schimmelmann-Mausoleum*, ein kubischer Putzbau aus dem Frühklassizismus, den Carl Graf von Schimmelmann für sich und seine Gemahlin am Ende des 18. Jahrhunderts von dem Architekten C. G. Horn errichten ließ.

Persönlichkeiten: Matthias Claudius (1740-1815, D), Anna Rebecca Claudius (gest. 1832) (Gattin des Dichters), Heinrich Carl Graf v. Schimmelmann (1724-1782, U).

(Farbige Abbildung siehe Seite 71)

Hauptfriedhof Ohlsdorf

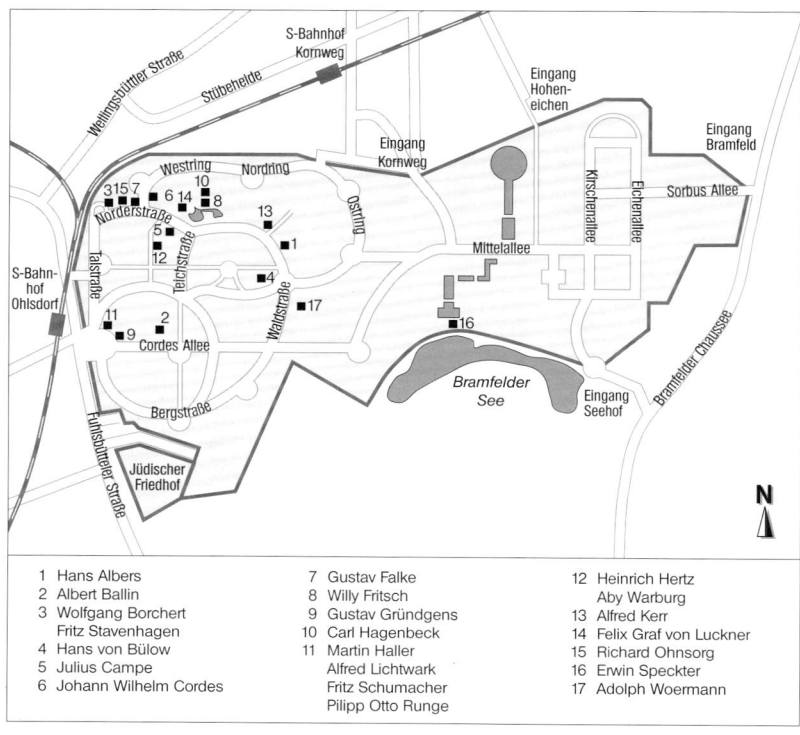

1 Hans Albers	7 Gustav Falke	12 Heinrich Hertz
2 Albert Ballin	8 Willy Fritsch	Aby Warburg
3 Wolfgang Borchert	9 Gustav Gründgens	13 Alfred Kerr
Fritz Stavenhagen	10 Carl Hagenbeck	14 Felix Graf von Luckner
4 Hans von Bülow	11 Martin Haller	15 Richard Ohnsorg
5 Julius Campe	Alfred Lichtwark	16 Erwin Speckter
6 Johann Wilhelm Cordes	Fritz Schumacher	17 Adolph Woermann
	Pilipp Otto Runge	

50 Hauptfriedhof Ohlsdorf
D-22337 Hamburg

Lage und Erreichbarkeit: Im Nordosten der Stadt am Lauf der Oberalster; erreichbar mit U- und S-Bahn (U1, S1, S11) bis Bahnhof Ohlsdorf sowie mit den Buslinien 39, 172 und 179 bis zum Haupteingang; die Buslinien 170 und 270 führen direkt über das Friedhofsgelände, dessen Straßen auch von Autos (Tempo 30) und Fahrrädern befahren werden dürfen.

Geschichte und Besonderheiten: Da die alten Begräbnisplätze vor den Toren Hamburgs aufgrund des starken Bevölkerungszuwachses seit Mitte des 19. Jahrhunderts nicht mehr ausreichten, entschlossen sich Senat und Bürgerschaft 1873 zur Anlage eines neuen, staatlich verwalteten Zentralfriedhofs für die Hansestadt. Die 1877 eröffnete Anlage, die allen Konfessionen offensteht, wurde in Form eines englischen Landschaftsgartens gestaltet. Nach dem Willen des ersten Direktors Johann Wilhem Cordes (1840-1917) soll auf dem Friedof »Schönheit das Auge entzücken und Pflanze das Grab verdecken«. Der Ohlsdorfer »Parkfriedhof« umfaßt eine Fläche von 400 Hektar und beherbergt das größte Gräberfeld Europas. Von 1919 an wurde das Gelände von Cordes' Nachfolger Otto Linne nach Osten hin erweitert und – um eine intensivere Platzausnutzung zu ermöglichen – nach einem geometrischen Achsensystem als »architektonischer Friedhof« gegliedert.

Auf dem *Freilichtmuseum am Hekkengarten* und im *Ämtersteinmuseum* an der Kapellenstraße sind historisch bzw. künstlerisch wertvolle Grabmale der aufgegebenen Vorstadtfriedhöfe aufgestellt worden.

*Die von dem Bildhauer Xaver Arnold geschaffene Figur des
segnenden Christus überragt die eindrucksvolle Anlage des
Althamburgischen Gedächtnisfriedhofs in Ohlsdorf* (50)

Auf dem größten Friedhof Europas befinden sich die Grabstätten vieler bedeutender Persönlichkeiten; ein Beispiel ist das Grab des Malers Philipp Otto Runge (50)

Ein *Mahnmal* (1952 von Gerhard Marcks geschaffen) erinnert an die Hamburger Bombenopfer, ein weiteres (gegenüber des Krematoriums) an die *Opfer des Nationalsozialismus*. Auf dem *Althamburgischen Gedächtnisfriedhof*, in der Nähe des Eingangsbereiches, sind Persönlichkeiten, die sich um die Hansestadt verdient gemacht haben, beigesetzt.

Direkt mit dem Ohlsdorfer Friedhof verbunden, jedoch von ihm aus nicht zu betreten (Eingang über Fuhlsbütteler Straße/Ilandkoppel) befindet sich der 1883 eröffnete *Jüdische Friedhof* mit eigenständigen Begräbnisplätzen für die mittel- und osteuropäisch (aschkenasische) und die iberisch (sephardische) jüdische Gemeinde.

Persönlichkeiten:: Hans Albers (1892-1960, S), Albert Ballin (1857-1918, Reeder), Hermann Blohm (1848-1930, I), Hans Friedrich Blunck (1888-1961, D), Wolfgang Borchert (1921-1947, D), Hans v. Bülow (1830-1894, Mu), Julius Campe (1792-1867, V), Alexis de Chateauneuf (1799-1853, A), Johann Wilhelm Cordes (1840-1917, A, nach seinen Plänen wurde der Friedhof angelegt), Axel Eggebrecht (1899-1991, Jou,D, anonymes Urnengrab), Gustav Falke (1853-1916, D), Jürgen Fehling (1858-1968, R), Willy Fritsch (1901-1973, S), Gustaf Gründgens (1899-1963, S,R), Carl Hagenbeck (1844-1913, Tierparkgründer), Martin Haller (1835-1925, A), Heinrich Hertz (1857-1894, N), Alfred Kerr (1867-1948, Jou,D) Alfred Lichtwark (1852-1914, Ph), Felix Graf von Luckner (1881-1966, Mi), Richard Ohnsorg (1876-1947, S,R) Philipp Otto Runge (1777-1810, Ma), Fritz Schumacher (1869-1947, A), Erwin Speckter (1806-1835, Ma), Fritz Stavenhagen (1876-1906, D), Aby Warburg (1866-1929, Ph), Adolph Woermann (1847-1911, U).

Auf dem Jüdischen Friedhof Ilandkoppel: Salomon Heine (1767-1844, Bankier, Onkel von Heinrich Heine).

(Farbige Abbildungen siehe Seite 72 und 73)

51 Jüdischer Friedhof Königstraße D-22767 Hamburg

Lage und Erreichbarkeit: Zwischen der König- und der Louise-Schröder-Straße im Stadtteil Altona; S-Bahn-Haltestelle Königstraße (S 1, 2, 3) oder Buslinien 36, 37; nur mit Genehmigung der Jüdischen Gemeinde Hamburgs zu betreten.

Geschichte und Besonderheiten: Der 1611 erstmals erwähnte Friedhof diente zunächst den sephardischen

Juden Hamburgs und Altonas als Begräbnisplatz. Ab 1616 kam auch ein Bereich für die Gräber der aschkenasischen Juden hinzu. Bedeutung gewann der Begräbnisplatz vor allem, nachdem Mitte des 17. Jahrhunderts aus Hamburg vertriebene Juden in Altona Zuflucht gefunden hatten. Dieses»wichtigste Denkmal der Geschichte des Judentums in Norddeutschland« (Dehio) beherbergt wertvolle Zeugnisse der örtlichen Steinhauerkunst des 17. und 18. Jahrhunderts. Der 1869 geschlossene Friedhof hat die NS-Zeit und den Krieg trotz einiger Beschädigungen überstanden.

Persönlichkeiten: Samson Heine (1765-1828, Vater des Dichters Heinrich Heine), Fromet Mendelssohn (1737-1812, Gattin des Philosophen Moses Mendelssohn), Abraham Senior Texeira (gest. 1666, Bankier), Salomon Ludwig Steinheim (gest. 1866, A,Ph).

52 Ottenser Kirchhof
D-22765 Hamburg

Lage und Erreichbarkeit: Im Westen der Stadt an der Klopstockstraße un-weit der Elbchaussee; S-Bahn (S 1, 2, 3) bis Königstraße oder mit der Buslinie 36 bis Altonaer Rathaus; ständig zugänglich.

Geschichte und Besonderheiten: Der Friedhof des seit 1640 dänisch und von 1867 an preußisch verwalteten Ortes, der 1937 nach Hamburg kam, wurde 1758 angelegt. Zwei Jahrzehnte zuvor war auf dem Gelände die ursprünglich aus der Mitte des 16. Jahrhunderts stammende Evangelische *Christianskirche* neu erbaut worden.

Der Friedhof, der 1954 in eine Grünanlage verwandelt wurde, verfügt über einige schöne klassizistische Grabmäler. Berühmt wurde er aber vor allem, weil sich hier das *Grabmal des Dichters Friedrich Gottlieb Klopstock (1724-1803)* befindet: Die große Sandsteinstele mit eingelassenem Marmorrelief stammt von 1804. Direkt daneben befindet sich das Grab von Klopstocks Gattin Meta, die im Kindbett starb. Darauf die Inschrift: »Aus diesem Grabe wollen wir miteinander aufstehen, du mein Klopstock und ich und unser Sohn, den ich nicht gebären konnte.« Aufgrund der Klopstock-Gräber wurde der Ottenser Kirchhof schon in den

Impression vom Jüdischen Friedhof Königstraße in Hamburg-Altona; der Besucher findet hier wertvolle Zeugnisse der Steinhauerkunst des 17. und 18. Jahrhunderts (51)

Das Grabmal des Dichters Friedrich Gottlieb Klopstock und das seiner Frau Meta verhalfen dem Ottenser Kirchhof zu großer Bekanntheit (52)

für Hannover dringend erforderlich. 1741 auf dem Grundstück des Gasthauses »Zu den drei Fasanen« gegründet, war der Gartenfriedhof in einer Anfang des 18. Jahrhunderts vor dem Aegidentor entstandenen Gartensiedlung angelegt worden. Seine Grundfläche betrug zunächst nur sechs Morgen. 1749 wurde die *Friedhofskapelle* eingeweiht, in der man 36 Begräbnisgewölbe ausmauerte, so daß auch hier die traditionellen Kirchenbestattungen möglich waren. Bereits 1864 war der Friedhof belegt und mußte geschlossen werden. Heute hat der historische Friedhof einen parkähnlichen Charakter.

Persönlichkeiten: Charlotte Buff (verehl. Kestner) (1753-1828, Vorbild für die Lotte in Goethes »Die Leiden des jungen Werther«), Georg Grotefend (1775-1853, Ph), Lucretia Caroline Herschel (1750-1848, N).

ersten Reiseführern aus dem 19. Jahrhundert als Hamburger Sehenswürdigkeit empfohlen. Die Gräber sind auch zum Thema der Dichtkunst (Heinrich Heine, Friedrich Rückert u. a.) geworden.

Persönlichkeiten: Friedrich Gottlieb Klopstock (1724-1803, D), Meta Klopstock (gest. 1758, Gattin des Dichters).

53   Ehemaliger Gartenfriedhof
D-30171 Hannover

Lage und Erreichbarkeit: Marienstraße.

Geschichte und Besonderheiten: Aufgrund des starken Bevölkerungswachstums seit Mitte des 17. Jahrhunderts wurde ein neuer Friedhof

54   Engesohder Friedhof
D-30169 Hannover

Lage und Erreichbarkeit: Alte Döhrener Straße.

Geschichte und Besonderheiten: 1864 – gleichzeitig mit der Schließung des ehemaligen Gartenfriedhofs – gegründet, wurde er schnell zu Hannovers bedeutendstem Begräbnisplatz. Zahlreiche Prominente ließen sich hier beisetzen, aufwendig gestaltete Grabmäler entstanden für Angehörige des gehobenen Bürgertums.
Bemerkenswert sind die *Eingangsbauten mit den angegliederten Arkaden für Erbbegräbnisse* nach Entwurf des Hannoverschen Stadtbaumeisters Ludwig Droste. Die *Kapelle*, die sich dem Friedhof direkt anschließt, erbaute der Architekt Otto Barnstorf im Jahre 1912.

Persönlichkeiten: Ernst v. Bandel (1800-1876, B), Otto v. Emmich

Das Grab des Philologen Georg Grotefend befindet sich auf dem schon seit 1864 aufgelassenen Ehemaligen Gartenfriedhof in Hannover (53)

(1848-1915, Mi), Karl Jatho (1873-1933, Flugpionier), Georg Ludwig Laves (1788-1864, A), Gustav Noske (1868-1946, P), Kurt Schwitters (1887-1948, D,Ma).

Urnenhalle auf dem Heidelberger Bergfriedhof; hier wurde 1891 das (nach Gotha) zweitälteste Krematorium Deutschlands eingeweiht (55)

55 Bergfriedhof D-69121 Heidelberg

Lage und Erreichbarkeit: Straßenbahnlinie Nr. 4 (Rohrbach-Süd).

Geschichte und Besonderheiten: Allein wegen seiner landschaftlich überaus schönen Hanglage lohnt der Bergfriedhof einen Besuch. Dieser 1844 eingeweihte Friedhof ist zudem überaus reich an Grabstätten bedeutender Persönlichkeiten. Vor allem renommierte Wissenschaftler, die an der Heidelberger Universität wirkten, fanden hier ihre letzte Ruhestätte. 1891 wurde auf dem Friedhofsgelände das (nach Gotha) zweitälteste Krematorium Deutschlands eingeweiht.

Hervorzuheben sind einige bedeutende Grabdenkmäler, etwa für den sozialdemokratischen Politiker Friedrich Ebert nach Entwurf von Peter Behrens.

Persönlichkeiten: Richard Benz (1884-1966, H), Robert Bunsen (1811-1899, N), Friedrich Ebert (1871-1925, P), Kuno Fischer (1824-19079, Ph), Wilhelm Furtwängler (1886-1954, Mu), Friedrich Gundolf (1880-1931, H,Ph), Friedrich Kallmorgen (1856-1924, Ma), Albrecht Kossel (1853-1927, N), Richard

Eingang zum Gottesacker der Brüdergemeine in Herrnhut; dieser Friedhof, geprägt vom christlichen Gleichheitsideal, war vorbildhaft für die Anlage weiterer Grabstätten der Glaubensgemeinschaft (56)

Kuhn (1900-1967, N), Erwin Rohde (1845-1898, Ph), Johann Heinrich Voß (1751-1826, D), Max Weber (1864-1920, Ph).

56 Gottesacker der Brüdergemeine D-02747 Herrnhut

Lage und Erreichbarkeit: Am Ortsrand zu Füßen des Hutberges.

Geschichte und Besonderheiten: 1727 gründete Graf Zinzendorf für mährische Religionsflüchtlinge die protestantisch-pietistische Herrnhuter Brüdergemeine. Da das Leben dieser Gemeinde am urchristlichen Gleichheitsideal orientiert war, gestaltete man auch den Friedhof nach diesem Grundsatz: Die liegenden Grabsteine gleichen einander in Größe und Gestaltung, sie sind nach strenger geometrischer Ordnung zu gleichgroßen »Quartieren« zusam-

mengefaßt. Ursprünglich wurden die Mitglieder der Gemeine entsprechend ihrer Sitzordnung im Betsaal beigesetzt. Es gab z. T. nach Geschlechtern unterteilte Bereiche für Kleinkinder, Kinder, Jugendliche, Ledige, Verheiratete und Verwitwete. Seit Ende des 18. Jahrhunderts wurde jedoch nur noch nach dem Geschlecht und der Reihenfolge des Todes unterschieden. Nur die *Gräber der Familie des Grafen Zinzendorf* haben auf dem von Bäumen gesäumten Mittelweg eine herausgehobene Stellung.

Goethes Schilderung eines Idealfriedhofs in den »Wahlverwandtschaften« (Zweiter Teil, 1. Kapitel) geht auf den Herrnhuter Gottesakker zurück, der auch vorbildhaft war für andere Friedhöfe der Brüder-Unität (u. a. in Neudietendorf, Gnadau, Barby oder Neuwied).

Persönlichkeiten: Nikolaus Ludwig Graf v. Zinzendorf (1700-1760, Gründer der Brüder-Unität).

57 St. Jürgen-Friedhof D-25813 Husum

Lage und Erreichbarkeit: Osterende 18, vom Markt zu Fuß über die Norderstraße zum Osterende; jederzeit zugänglich.

Geschichte und Besonderheiten: Der alte Klosterkirchhof steht in enger Verbindung mit dem »Gasthaus zum Ritter St. Jürgen«, bei dem es sich um ein heute noch bestehendes Altersheim handelt, in dem Theodor Storms Novelle »In Sankt Jürgen« spielt. Der Friedhof, der inzwischen den Charakter einer Parkanlage hat, weist einige interessante Grabsteine aus dem 19. Jahrhundert auf. Die Gruft der Familie Storm beherrscht mit ihrem blockförmigen Aussehen den vorderen, der Straße zugekehrten Bereich.

Persönlichkeiten: Theodor Storm (1817-1888, D).

58 Altstädter Friedhof D-47805 Kassel

Lage und Erreichbarkeit: Lutherplatz, Straßenbahnlinie 7.

Geschichte und Besonderheiten: Der Friedhof ist seit 1546 nachgewiesen und gehört daher zu den ältesten selbständigen Friedhöfen in Deutschland. Im nördlichen Bereich entstand von 1770 an der Garnisonfriedhof, im Süden das *Kurfürstliche Erbbegräbnis*, in dem die Prinzessin Caroline Friederike Wilhelmine von Hessen 1876 bestattet wurde. Offiziell war der Friedhof jedoch schon 1843 geschlossen worden. Im 19. Jahrhundert wurde er als öffentliche Grünfläche ausgewiesen, 1894 erbaute man hier die neugotische Lutherkirche, deren Gestaltung und Einbindung bewußt an die Situation mittelalterlicher Kirchhöfe erinnert. Von kunsthistorischem Wert ist vor allem der Bestand klassizistischer Grabmäler.

Grabmal des Grafen Reichenbach auf dem Altstädter Friedhof an der Lutherkirche in Kassel; zwar seit 1843 geschlossen, gehört der seit 1546 nachgewiesene Begräbnisplatz zu den ältesten Friedhöfen in Deutschland (58)

59 Hauptfriedhof
D-34127 Kassel

Lage und Erreichbarkeit: Holländische Straße, Straßenbahnen 1 und 5.

Geschichte und Besonderheiten: 1843 wurde der Hauptfriedhof als kommunale Begräbnisstätte für das gesamte Stadtgebiet eröffnet. Hauptachse ist eine große, von Eichen gesäumte Allee, die den Mittelpunkt des geometrisch angelegten Wegerasters bildet. Bemerkenswert ist die *Gruftenhalle*, die den Gründungsbereich zum Norden hin abschließt. Es handelt sich um eine Arkadenhalle im Rundbogenstil mit einem erhöhten Mittelrisalit, dem sich auf beiden Seiten fünf Achsen anschließen. Unter dem Kreuzgratgewölbe der Halle befinden sich Memorialräume, die von einer durchlaufenden Rückwand miteinander verbunden werden. Zahlungskräftige Kasseler Bürger konnten hier Grüfte mit hundertjähriger Ruhefrist erwerben. Auf dem Friedhof sind zahlreiche eindrucksvolle Grabmale, vor allem aus der zweiten Hälfte des 19. Jahrhunderts zu finden.

Persönlichkeiten: Ludwig Grimm (1790-1863, Ma), Karl Anton Henschel (1780-1861, I), Philipp Scheidemann (1865-1939, P), Ludewig (Louis) Spohr (1784-1859, K).

60 Museum für Sepulkralkultur
D-34117 Kassel

Lage und Erreichbarkeit: Auf dem Kasseler Weinberg, Weinbergstraße 25-27; mit den Straßenbahnlinien 1, 3, 4, 6, 8 bis zum Rathaus, von dort zu Fuß zur Weinbergstraße (Richtung Elisabethkrankenhaus).

Öffnungszeit: Täglich außer montags 10 bis 17 Uhr; Tel.: 0561/91893-0.

Geschichte und Besonderheiten: Dieses weltweit einzigartige Museum wurde 1992 vom damaligen Bundespräsidenten Richard von Weizsäcker eröffnet. Trägerin ist die Arbeitsgemeinschaft Friedhof und Denkmal (AFD). Auf einer Ausstellungsfläche von 2500 Quadratmetern, die die ehemalige Villa Henschel und einen von W. Kücker geschaffenen Museumsneubau umfaßt, informiert das Museum über die Kulturgeschichte des Todes. Mit wertvollen und z. T. einzigartigen Sachzeugen wird auf Bestattungsriten, die Entwicklung des Grabmals und der Friedhöfe und den sozialen Umgang mit Tod und Sterben eingegangen. Das Museum ist mit einer Forschungsstelle verbunden. Neben der ständigen Sammlung werden Sonderausstellungen zu Spezialthemen veranstaltet. Eine Fachbibliothek umfaßt literarische, philosophische und ethnologische Werke. Einzigartig sind das Archiv für Trauermusik sowie das umfangreiche Foto- und Dia-Archiv zu dem Themenbereich Sterben, Tod und Trauer. Die grafische Sammlung reicht bis ins Mittelalter zurück und umfaßt inzwischen mehr als 10000 Blätter.

61 Hauptfriedhof
D-56073 Koblenz

Lage und Erreichbarkeit: Karthause, Beatusstraße, Buslinie Nummer 3.

Geschichte und Besonderheiten: Am 28. Mai 1820 nach katholischem Ritus geweiht, nahm der Friedhof jedoch von vornherein auch Verstorbene evangelischer Konfession auf. Im ältesten Teil steht der sechseckige Ziegelbau der neuromanischen *Leichenhalle*, die 1821 nach Plänen des Bauinspektors Friedrich Nebel erbaut wurde. Der Friedhof, der eine Hanglage hat, erstreckt sich heute auf einer Fläche von 36 Hektar. Die mit ihrem alten Baumbestand park-ähnlich anmutende Gestaltung gilt als eine herausragende gärtnerische Leistung des 19. Jahrhunderts. Bei Bombenangriffen 1944/45 kam es zur Verwüstung einiger der Terrassen und Gräber. Bis heute wurden auf dem denkmalpflegerisch betreuten Friedhof mehr als 110000 Tote beigesetzt.

Ob sich das Grab des Dichters Max von Schenkendorf tatsächlich hier befindet, gilt als nicht gesichert: Er war 1817 noch auf dem Alten Friedhof am Löhrtor beigesetzt, wahrscheinlich aber 1840 in das Grab seiner Frau auf dem Hauptfriedhof umgebettet worden. 1915 wurde das Grab geöffnet und das darin befindliche männliche Skelett gerichtsmedizinisch untersucht, doch mangels »geeigneten Bildmaterials zum Vergleichen des eingesandten Schädels mit der Physiognomie Schenkendorfs konnte Professor Bonner keinen Beweis für die Identität Schenkendorfs liefern«, heißt es in einer Broschüre des Friedhofs. Das vermeintliche Schenkendorf-Grab wird von der Stadt gepflegt und befindet sich an der Platanenallee.

Persönlichkeiten: Karl Baedeker (1801-1859, V), August v. Goeben (1816-1880, Mi), Max v. Schenkendorf (1783-1817, D).

62 Geusenfriedhof
D-50937 Köln

Lage und Erreichbarkeit: Kerpener Straße/Weyertal, S-Bahn bis Weyertal.

Geschichte und Besonderheiten: Weit vor den Toren der Stadt wurde dieser Friedhof 1567 für die Angehörigen der evangelischen Gemeinde gegründet. Protestanten durften – ähnlich wie Juden – zunächst nicht innerhalb der Stadtmauern beerdigt werden. Das änderte sich erst 1828, als der Melatenfriedhof auch für Bürger evangelischen Glaubens geöffnet wurde. Seit dieser Zeit wird der Geusenfriedhof nicht mehr belegt.

Der Friedhof ist mit seinem wertvollen Bestand von Grabsteinen, die zum Teil noch aus dem 16. Jahrhundert stammen, zu einer geschichtsträchtigen Parkanlage geworden. Der Name des Friedhofs geht auf die als Geusen bezeichneten niederländischen Protestanten zurück. Viele der im 16. Jahrhundert in Köln ansässigen Protestanten kamen aus den Niederlanden.

63 Melatenfriedhof
D-50858 Köln

Lage und Erreichbarkeit: An der Aachener Straße, Straßenbahn 1 bis Melaten.

Geschichte und Besonderheiten: Westlich der Stadt lagen Kölns Richtstätte und die Leprastation, in der die als Maladen bezeichneten Aussätzigen isoliert wurden. In diesem Bereich wurde bereits 1810 ein neuer Zentralfriedhof angelegt. Anlaß war Napoleons Dekret über die Begräbnisse vom 12. Juni 1804, das die Beerdigungen außerhalb der Gemeinden vorschrieb.

Der Melatenfriedhof ist ein typisches Beispiel für eine klassizistische Friedhofsgestaltung. Zahlreiche denkmalgeschützte Gräber dokumentieren die Entwicklung der Sepulkralplastik vom frühen 19. bis zum frühen 20. Jahrhundert mit herausragenden Beispielen. Berühmt ist die sogenannte *Millionenallee* mit pompös anmutenden Grabmalen der Oberschicht aus dem späten 19. Jahrhundert. Auf dem Melatenfriedhof, der aufgrund seiner Entwicklung als einer der bedeutendsten Friedhöfe des Rheinlandes gilt, wurden zahlreiche Persönlichkeiten aus Köln beigesetzt.

Das monumentale *Eingangstor* entstand nach einem Entwurf von Franz

Persönlichkeiten: Wilhelm Backhaus (1884-1969, Mu), Hans Böckler (1875-1951, Gewerkschaftsführer), Albert Langen (1869-1909, V), Wilhelm Marx (1863-1946, P), Ernst Nay (1902-1968, Ma), Nikolaus Otto (1832-1891, Erf), Rudolf Schwarz (1897-1961, A), Ernst Friedrich Zwirner (1802-1861, A).

64 Südfriedhof
D-50996 Köln

Lage und Erreichbarkeit: Straßenbahnlinie 12.

Geschichte und Besonderheiten: Obwohl Köln mit dem 1810 eröffneten Melatenfriedhof über einen zentralen Begräbnisplatz verfügte, brachte die Großstadtentwicklung der rheinischen Metropole in der zweiten Hälfte des 19. Jahrhunderts bereits wieder Platzprobleme mit sich. Nach dem Nordfriedhof, der 1896 gegründet wurde, entstand der Südfriedhof als kommunaler Begräbnisplatz für die südlichen Bezirke der Stadt. Bemerkenswert sind einige aufwendige Grabmale des späten Historismus und des Jugendstils.

Diese auf dem Melatenfriedhof in Köln 1853 aufgestellte Sandsteinplastik erinnert an einheimische Soldaten, die im Dienst unter Napoleon gefallen sind (63)

Persönlichkeiten: Dominikus Böhm (1880-1955, A), Walter Braunfels (1882-1954, K), Max Scheler (1874-1928, Ph).

Ferdinand Wallraf, dem Begründer der städtischen Kunstsammlungen (heute Wallraf-Richartz-Museum). Auf ihn gehen auch die hier vermerkten lateinischen Sprüche zurück, deren deutsche Übersetzung folgenden Wortlaut hat:»Den Leichen Kölns ein heiliger Ort«,»Gruß dir, auf bessere Zukunft gesäte Saat«,»Geh nicht vorüber ohne fromme Gebete, du, bald der Unsrige.«

65 Alter Israelitischer Friedhof
D-04129 Leipzig

Lage und Erreichbarkeit: An der Berliner Straße 123, direkt neben dem Nordfriedhof an einer zum Hauptbahnhof hinführenden Eisenbahntrasse; Straßenbahn 21 bis Hamburger Straße.

Geschichte und Besonderheiten: Nach Schließung des ältesten jüdischen Friedhofs (an der Stephanstraße) 1864 geweiht, wurde dieser Friedhof bis 1926 von der jüdischen Gemeinde genutzt. Die Begräbnisstätte ist in fünf Abteilungen untergliedert; auf der rechten Seite grenzt sie – von einer Mauer getrennt – an den Leipziger Nordfriedhof an.

1926 wurde ein von dem Architekten Wilhelm Haller im Art-Deco-Stil entworfenes *Ehrenmal für die jüdischen Gefallenen des Ersten Weltkrieges* eingeweiht. Während des Novemberpogroms von 1938 gab es auch auf diesem Friedhof Verwüstungen. In der fünften Abteilung befindet sich ein kleines Feld mit *KZ-Gräbern*, in denen Urnen von in Konzentrationslagern ermordeten Leipziger Juden beigesetzt wurden. Der Friedhof befindet sich heute in gepflegtem Zustand, die letzte Beisetzung fand 1983 statt.

Persönlichkeiten: Henriette Goldschmidt (1825-1920, Frauenrechtlerin), Salomon Jadassohn (1831-1902, Mu).

Der bereits 1128 erstmals urkundlich erwähnte Alte Johannisfriedhof in Leipzig ist heute eine einladende Parklandschaft; das letzte Begräbnis fand 1883 statt (66)

66 Alter Johannisfriedhof D-04103 Leipzig

Lage und Erreichbarkeit: Nur unweit westlich des Stadtzentrums, Zugang durch den Hof des Grassimuseums; Straßenbahnlinien 4, 6, 15.

Geschichte und Besonderheiten: Der bereits 1128 erstmals urkundlich erwähnte Friedhof war jahrhundertelang der einzige Begräbnisplatz der Stadt. Obwohl er bereits 1846 durch den Neuen Johannisfriedhof (dem heutigen Friedenspark an der Philipp-Rosenthal-Straße) ergänzt wurde, mußte er aus Platzgründen Ende des 19. Jahrhunderts zugunsten des neuentstandenen Südfriedhofs geschlossen werden. Die letzte Beerdigung fand 1883 statt. Erhalten blieben bis heute wertvolle Grabmäler, darunter der 1720 entstandene *Gruftpavillon der Familie Baumgärtner.*

Persönlichkeiten: Käthchen Schönkopf (1746-1810, Goethes Leipziger Freundin, Grabstelle aufgelassen), Karl Tauchnitz (1761-1836, V), Johanna Rosine Wagner (1778-1848, Mutter von Richard Wagner).

(Farbige Abbildung siehe Seite 69)

Südfriedhof

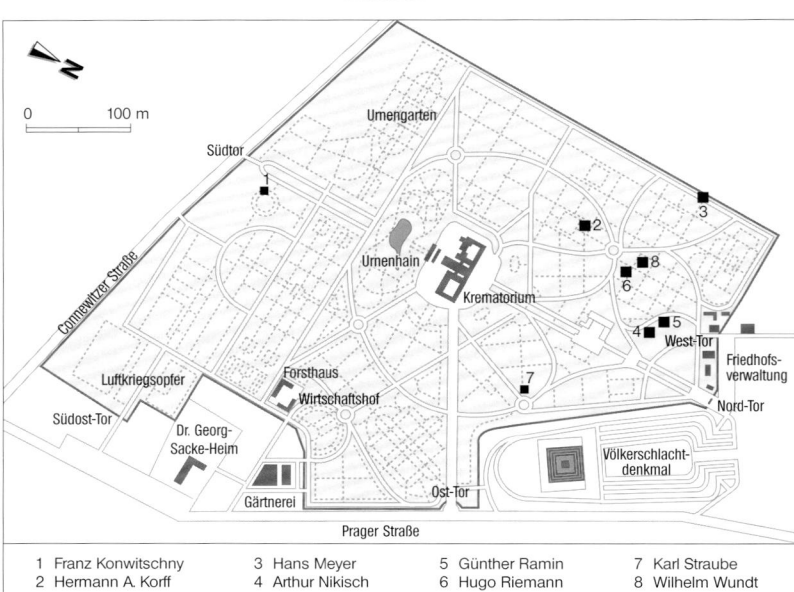

| 1 Franz Konwitschny | 3 Hans Meyer | 5 Günther Ramin | 7 Karl Straube |
| 2 Hermann A. Korff | 4 Arthur Nikisch | 6 Hugo Riemann | 8 Wilhelm Wundt |

67 Südfriedhof
D-04299 Leipzig

Lage und Erreichbarkeit: Friedhofsweg 3, südöstlich des alten Messegeländes, in direkter Nachbarschaft des Völkerschlachtdenkmals; Straßenbahn 22 bis Tabaksmühle oder 15, 20, 21 bis Südfriedhof Osttor.

Geschichte und Besonderheiten: Mit einer Fläche von 82 Hektar gehört die 1886 eröffnete Anlage zu den größten Parkfriedhöfen Deutschlands. Nur etwa ein Drittel der Fläche ist mit Grabstätten belegt, so daß der Eindruck einer großzügigen Parklandschaft entsteht. Gestaltet wurde der Friedhof von dem Leipziger Gartenbaudirektor Paul Wittenberg. Hervorzuheben ist die Fülle dendrologischer Seltenheiten. Mit etwa 10000 Gehölzen ist der Südfriedhof einer der größten europäischen *Rhododendron-Parks.*
Aufwendige Grabmäler aus dem Historismus und Jugendstil – zum Teil von bedeutenden Bildhauern wie Max Klinger gestaltet – geben dem Friedhof ein besonderes Gepräge.

An der Hauptachse befindet sich eine *Ehrengrablege* (mit den Grabstätten von Protagonisten der sozialistischen Gesellschaft) und ein *Mahnmal an die Leipziger Opfer des Faschismus* aus der DDR-Zeit. In einem eigenen Bereich befinden sich die Gräber von Professoren der Leipziger Universität.
Der von Otto Wilhelm Scharenberg in neoromanischem Stil entworfene *Feierhallenkomplex* mit einem 60 Meter hohen Turm, Krematorium und rückwärtigem Kolumbarium ist das größte Friedhofsbauwerk in Deutschland.

Persönlichkeiten: Christian Fürchtegott Gellert (1715-1769, D), Franz Konwitschny (1901-1962, Mu), Hermann August Korff (1882-1963, Ph), Hans Meyer (1858-1929, V), Arthur Nikisch (1855-1922, Mu), Günther Ramin (1898-1956, Mu), Hugo Riemann (1849-1919, Ph,Mu), Karl Straube (1873-1950, Mu), Wilhelm Wundt (1832-1920, Ph).

(Farbige Abbildung siehe Seite 75)

68 Burgtor-Friedhof
D-23568 Lübeck

Lage und Erreichbarkeit: An der Travemünder Allee, der großen Ausfahrtsstraße Richtung Travemünde; Buslinien 8, 12, 30, 31, 32, 34.

Geschichte und Besonderheiten: Wie viele kommunale Friedhofsgründungen des 19. Jahrhunderts entstand der Burgtor-Friedhof als Ersatz für die Kirchhöfe der Innenstadt. Das große Areal, das bei seiner Gründung noch weit außerhalb der Stadtgrenzen lag, hat dank seiner reizvollen Wegeführung und des alten Baumbestandes einen Parkcharakter. Erhalten geblieben sind einige aufwendige Erbbegräbnisse der Gründerzeit.

Eines der größten Ereignisse der Friedhofsgeschichte war die Beisetzung des Dichters Emanuel Geibel im Jahr 1884, an der Zehntausende Lübecker teilnahmen und die Straßenränder von der Innenstadt bis zum Friedhof säumten. Geibels Grabstätte blieb bis heute erhalten.

Persönlichkeiten: Ida Boy-Ed (1852-1928, D), Emanuel Geibel (1815-1884, D), Heinrich Mann (gest. 1891, Vater der Schriftsteller Heinrich und Thomas Mann).

Als der Lübecker Dichter Emanuel Geibel 1884 beigesetzt wurde, kamen Zehntausende zusammen, um ihrem Mitbürger das letzte Geleit zu geben (68)

69 Geschlechterfriedhof
D-25774 Lunden

Lage und Erreichbarkeit: Im Ortskern, rings um die ev. St. Laurentiuskirche; jederzeit zugänglich.

Geschichte und Besonderheiten: Der bereits in der zweiten Hälfte des 12. Jahrhunderts angelegte Geschlechterfriedhof von Lunden ist mit seinen reich geschmückten Sandsteingrabplatten und Stelen, die überwiegend aus dem 16. und 17. Jahrhundert stammmen, eines der wertvollsten Gräberfelder Norddeutschlands und ein einzigartiges Denkmal der Dithmarscher Landesgeschichte.

Die prominentesten Vertreter der als *Geschlechter* bezeichneten Perso-

Der Geschlechterfriedhof in Lunden gehört mit seinen reich geschmückten Sandsteingrabplatten und Stelen zu den wertvollsten Gräberfeldern Norddeutschlands (69)

nalverbände, die aus den ursprünglichen Siedlungsgemeinschaften hervorgingen, liegen in gemauerten Gruftkellern unter großen Sandsteinplatten. Ausführliche Inschriften und üppiger Schmuck sind auch für die Stelen (z. B. *Nannenstele* von 1588 mit Darstellung des Jüngsten Gerichts) charakteristisch. Am bekanntesten ist das Grab des Peter Swyn, einer historisch bedeutsamen Persönlichkeit der Landesgeschichte. Die Stele zeigt unter einem Kreuzrelief die Szene seiner Ermordung.

Der Friedhof erstreckt sich auf einem erhöhten Terrain rings um die *St. Laurentiuskirche*, einem einschiffigen flachgedeckten Feldsteinbau aus dem späten 12. Jahrhundert. (Farbige Abbildung siehe Seite 69)

70 Hauptfriedhof
D-55131 Mainz

Lage und Erreichbarkeit: Untere Zahlbacher Straße, Buslinie Nummer 13 bis Universität.

Geschichte und Besonderheiten: Ursprünglich befand sich hier die alte Märtyrerkapelle St. Aureus, die 1793 zerstört wurde. Im Jahre 1803 richtete der französische Präfekt Jeanbon Baron de St. André auf dem Gelände den Aureusfriedhof ein, der heute als Hauptfriedhof bezeichnet wird.

Zahlreiche Grabsteine erinnern an die hier stationierten Soldaten des französischen, österreichischen, hessischen und preußischen Heeres. Ein 14 Meter hoher *Obelisk*, der 1925 errichtet wurde, ist den im Rheinland gefallenen Soldaten gewidmet. Am Südende befindet sich der 1880 gegründete *Jüdische Friedhof* mit einem bemerkenswerten *Totenhaus* im maurischen Stil.

Persönlichkeiten: Peter Cornelius (1824-1874, K), Johann Friedrich Schiller (gest. 1814, Friedrich von Schillers Cousin).

71 Hauptfriedhof
D-68167 Mannheim

Lage und Erreichbarkeit: Röntgen-straße.

Geschichte und Besonderheiten: Der bedeutende Gartenarchitekt Friedrich Ludwig von Sckell (1750-1823) entwarf im Jahre 1800 für die Stadt Mannheim einen Friedhof nach einem für damalige Verhältnisse völlig neuen Leitbild: Das Gräberfeld sollte sich einer künstlich geschaffenen Landschaft, die von zahlreichen geschlängelten Wegen durchzogen wird, unterordnen. Leitbild waren das Konzept des Englischen Landschaftsgartens sowie die Schriften des Kieler Gartentheoretikers Christian Caius Lorenz Hirschfeld. Diese frühen Planungen wurden jedoch nur zum Teil verwirklicht. 1840 genehmigte die Stadt das Projekt, das der Architekt Alois Mutschlechner modifiziert hatte. Zwei Jahre später konnte der Friedhof eingeweiht werden. Einige wertvolle Grabmäler der alten Mannheimer Friedhöfe, die nun geschlossen wurden, konnten auf den Hauptfriedhof versetzt werden.
1899/1900 entstand das *Krematorium* – die fünfte derartige Anlage in Deutschland – nach dem Entwurf der Architekten Köchler und Karch.

Persönlichkeiten: Albert Bassermann (1867-1952, S), August v. Kotzebue (1761-1819, D), Heinrich Lanz (1838-1905, I), Carl Ludwig Sand (1795-1820, Theologiestudent, ermordete Kotzebue), Franz Schnabel (1887-1966, H).

72 Alter Nördlicher Friedhof
D-80333 München

Lage und Erreichbarkeit: Arcis-straße 45, U-Bahnlinie 2 bis Josephsplatz oder U3 oder 6 bis Universität.

Liegen auf demselben Friedhof begraben: August von Kotzebue und sein Mörder, Carl Ludwig Sand (71)

Geschichte und Besonderheiten: In den Jahren 1866 bis 1869, als die Bevölkerungszahl Münchens aufgrund der Großstadtentwicklung stark anstieg, wurde dieser Begräbnisplatz zur Entlastung des Südlichen Friedhofs nach Plänen des Gartenarchitekten Arnold von Zenetti angelegt. Heute ist der Friedhof eine jederzeit zugängliche Parkanlage.

Persönlichkeiten: Wilhelm Bauer (1822-1875, Erf), Wilhelm v. Riehl (1823-1897, Ph), Ludwig Freiherr v. d. Tann-Rathsamhausen (1815-1881, Mi).

(Abbildungen siehe Seite 62 und 74)

Wer diese eindrucksvolle Plastik betrachten möchte, bevor die Verwitterung ihr noch mehr zusetzt, findet sie auf dem Alten Nördlichen Friedhof in München (72)

Bogenhausen selbst kam 1892 zu München, der Friedhof wurde aber erst ab 1902 von der Stadt verwaltet. Da der Friedhof immer noch belegt wird, finden sich hier auch Grabmäler Prominenter des 20. Jahrhunderts.
Die *Kirche St. Georg* erhielt ihr heutiges Aussehen 1771 nach Plänen vom Barockbaumeister Johann Michael Fischer.

Persönlichkeiten: Rainer Werner Fassbinder (1945-1982, R,S), Oskar Maria Graf (1894-1967, D), Wilhelm Hausenstein (1882-1957, D,P), Erich Kästner (1899-1974, D), Liesl Karlstadt (1892-1960, S), Hans Knappertsbusch (1888-1965, Mu), Annette Kolb (1870-1967, D), Johann v. Lamont (1805-1879, N), Emil Preetorius (1883-1973, H,Ma), Hermann Proebst (1904-1970, Jou), Hugo Seeliger (1849-1924, N).

(Weitere Abbildung siehe Seite 141)

Für einen ehemaligen Dorffriedhof beherbergt der Bogenhausener erstaunlich viele Gräber von Prominenten, hier Erich Kästner (73)

73 Bogenhausener Friedhof D-81675 München

Lage und Erreichbarkeit: Bogenhauser Kirchplatz 1; U-Bahn 3 oder 6 bis Giselastraße, von dort Bus 54 oder 154 bis Mauerkircherstraße; anschließend die Anhöhe hinauf zur Kirche St. Georg.

Geschichte und Besonderheiten: Vermutet wird, daß der Friedhof seit dem 9. Jahrhundert besteht. Diese Begräbnisstätte ist beispielhaft für die altbayerischen Friedhöfe in München, wie sie um die Dorfkirchen angelegt wurden (weitere finden sich z. B. in Haidhausen, Neuhausen, Oberföhring, Sendling). Sie konnten zumeist ihren eigenen Charme auch nach der Eingemeindung bewahren.

*Auch Rainer Werner Fassbinder fand auf dem Bogenhausener
Friedhof, der immer noch belegt wird, seine letzte Ruhe (73)*

74 Nordfriedhof
D-80802 München

Lage und Erreichbarkeit: Ungerer-
straße 130, U-Bahnlinie 6 bis Nordfriedhof.

Geschichte und Besonderheiten:
Ende des 19. Jahrhunderts waren die
älteren Friedhöfe in München in ihren Kapazitäten erschöpft. Überlegungen, einen großen Zentralfriedhof nach Wiener Beispiel anzulegen,
wurden zugunsten einer Konzeption
von Hans Grässel mit vier Einzel-
friedhöfen aufgegeben. So entstanden neben dem Nordfriedhof, der
1896 bis 1899 angelegt wurde, noch
der Ostfriedhof (1894), der West-
friedhof (1897) und der Waldfriedhof (siehe Nr. 76).

Auf dem Nordfriedhof ist auch das
in Anlehnung an frühchristliche
Baukunst errichtete Friedhofsgebäude mit großer Aussegnungshalle
einen Besuch wert.

Persönlichkeiten: Georg Britting
(1891-1964, D), Friedrich Bruck-
mann (1814-1898, V), Georg D. W.
Callwey (1854-1930, V), Franz v. De-
fregger (1835-1921, Ma), Eduard
Dietl (1890-1944, Mi), Leonhard
Frank (1882-1961, D), Ernst Mach
(1838-1916, N, Grabstelle eingeebnet), Karl v. Piloty (1826-1886, Ma),
Reinhard Piper (1879-1953, V), Arnold Sommerfeld (1868-1951, N),
Oswald Spengler (1880-1936, Ph).

75 Südlicher (Alter und Neuer)
Friedhof
D-80337 München

Lage und Erreichbarkeit: Thalkirch-
ner Straße 17, U-Bahnlinien 1, 2, 3
oder 6 bis Sendlinger Tor.

Geschichte und Besonderheiten: 1563
als Gottesacker für Arme und Pest-
tote gegründet, übernahm der Südliche Friedhof vom Ende des 18. Jahrhunderts an eine neue Funktion: Er

Auf dem Südfriedhof finden sich die Gräber fast aller Münchner Persönlichkeiten des 19. Jahrhunderts, zum Beispiel auch das des Landschaftsmalers Christian Morgenstern (75)

wurde zu Münchens »Centralfriedhof«, nachdem ein »Rescript« aus dem Jahre 1788 Bestattungen innerhalb der Stadtmauern verbot. Gustav Vorherr gestaltete den Friedhof in den Jahren 1818-21 auf dem Grundriß eines Sarkophags, hinzu kam 1845 eine Erweiterung nach italienischer Tradition. Bereits 1842 hatte Friedrich von Gärtner, der Hofarchitekt Ludwigs I. von Bayern, den Auftrag erhalten, den Friedhof zu vergrößern. Gärtner legte ein regelmäßiges Wegesystem an und schuf einen Arkadengang »zur Aufstellung geschmackvoller Monumente« – nach dem Vorbild des Camposanto. Die *Friedhofskapelle St. Stephan* ist ein schlichter Saalbau aus dem 17. Jahrhundert, zu dessen Ausstattung Barockaltäre gehören. Der Friedhof, auf dem fast alle bedeutenden Münchner Persönlichkeiten des 19. Jahrhunderts beigesetzt wurden, ist reich an künstlerisch wertvollen Grabdenkmälern.

Persönlichkeiten: Franz Xaver Baader (1765-1841, Ph), Theobald Böhm (1794-1881, Mu), Georg Christian Friedrich Bürklein (1813-1872, A), Ignaz v. Döllinger (1799-1890, Th), Georg v. Dollmann (1830-1895, A), Karl v. Fischer (1782-1820, A), Joseph v. Fraunhofer (1787-1826, N), Friedrich v. Gärtner (1791-1847, A), Friedrich Heinrich Jacobi (1743-1819, Ph), Wilhelm v. Kaulbach (1805-1874, Ma), Leo v. Klenze (1784-1864, A), Justus v. Liebig (1803-1873, N), Josef Maffei (1790-1870, I), Christian Morgenstern (1805-1867, Ma), Georg Ohm (1789-1854, N), Max v. Pettenkofer (1818-1901, Med), Eduard Schleich (1812-1874, Ma), Ludwig v. Schwanthaler (1802-1848, B), Moritz v. Schwind (1804-1871, Ma), Carl Spitzweg (1808-1885, Ma), Josef Stieler (1781-1858, Ma), Johann Baptist Straub (1704-1784, B).
Ein Lageplan hängt an den Eingängen aus.

(Farbige Abbildungen siehe Seite 76 und 77)

76 Waldfriedhof
D-80687 München

(siehe Seite 89)

Die Trauerhalle auf dem Jüdischen Friedhof Weißensee. Sie wurde von Hugo Licht aus gelben Klinkern im Stil der italienischen Neorenaissance errichtet (10)

Das Krematorium auf dem Urnenhain Tolkewitz in Dresden zählt zu den bedeutendsten Bauten des deutschen Jugendstils; es wurde 1911 von Fritz Schumacher erbaut (29)

Pilgerstätte für Literaturfreunde ist die Grabstätte von Bert Brecht und Helene Weigel auf dem Kirchhof der Dorotheenstädtischen und Friedrichswerderschen Gemeinde in Berlin (11)

*Grabanlage des Komponisten Carl Maria von Weber, dessen
Leichnam 1844 aus London auf den Inneren Katholischen
Friedhof nach Dresden überführt wurde* (27)

*Auf dem zweiten, dem sogenannten Äußeren Katholischen
Friedhof in Dresden wurde der Maler Adrian Ludwig Richter
bestattet* (25)

Oben und unten: Auf dem Alten Friedhof an der Nikolaikirche in Görlitz, der bereits seit dem Mittelalter besteht, fügen sich barocke Grabmäler von herausragender künstlerischer Qualität zu einem äußerst malerischen Bild (43)

Der Geschlechterfriedhof in Lunden, der schon in der zweiten Hälfte des 12. Jahrhunderts angelegt wurde, ist berühmt für seine reich geschmückten Sandsteinplatten; hier als Beispiel das Grab des Peter Swyn (69)

Blick über den Alten Johannisfriedhof in Leipzig; er wurde bereits 1128 erstmals urkundlich erwähnt (66)

Blick in die Urnenhalle auf dem Hauptfriedhof in Gotha; in dem angeschlossenen Krematorium fand 1878 gegen große Widerstände die erste Einäscherung in Deutschland statt (44)

*Neben dem Grab von Matthias Claudius der Blickfang auf
dem Alten Kirchhof in Hamburg-Wandsbek: Das herausragend gestaltete Schimmelmann-Mausoleum, ein kubischer Putzbau vom ausgehenden 18. Jahrhundert* (49)

*Wie sich die Bilder gleichen: Engel gehören zu den beliebtesten
Motiven der Grabplastik, hier zwei Impressionen vom größten
Friedhof in Europa, dem Hauptfriedhof*

*in Hamburg-Ohlsdorf; der »Parkfriedhof« umfaßt heute eine
Fläche von 400 Hektar und geht in der Anlage zurück auf
Johann Wilhelm Cordes (50)*

Die Ruhe auf dem Alten Nördlichen Friedhof in München-Schwabing, längst eine jederzeit zugängliche Parkanlage, lädt heute vielfach Studenten ein, ihre Seminare vorzubereiten, zu diskutieren – oder zu faulenzen (72)

*Mitunter scheinen Grabmäler Geschichten von Liebe und Tod
zu erzählen, wie diese Jugendstil-Plastik auf dem Leipziger
Südfriedhof (67)*

*Baumeister (fast) einer ganzen Stadt: Nur wenige Schritte von-
einander entfernt bestattet liegen auf dem neueren, einem Camposanto nachempfundenen Teil des Südfriedhofs in München
Leo von Klenze (oben) und Friedrich von Gärtner (unten)* (75)

*Die Grabstätte von Franz Xaver Baader gibt einen Eindruck
vom malerischen Gesamtbild des Südfriedhofs (75)*

*Dieses Grab auf dem Waldfriedhof in München erinnert an die
schreckliche Vergangenheit: Dr. Kurt Huber war der Begründer
der Widerstandsgruppe »Weiße Rose« um die Geschwister
Scholl; auch er wurde 1943 hingerichtet (76)*

In Nebel auf Amrum findet man diesen reich verzierten Grabstein, typisch für den St.-Clemens-Friedhof auf der Nordseeinsel (77)

Blick auf den jüdischen Teil des Hoppenlaufriedhofs in Stuttgart; die Begräbnisstätte ist heute als Park zugänglich (89)

Der Heilige Sand in Worms zählt zu den wichtigsten Kulturgütern der Jüdischen Gemeinde in Mitteleuropa, wurde er doch schon im 11. Jahrhundert gegründet und beherbergt heute noch etwa 2000 zum Teil mittelalterliche Grabstellen (100)

*Im Bild einige der wertvollen Sandsteingrabplatten aus dem 16.
bis 18. Jahrhundert an der Mauer des Alten Friedhofs in der
Lutherstadt Wittenberg* (98)

Grabstätte von Lucas Cranach d. Ä. auf dem Jakobsfriedhof in Weimar; der von Efeu umrankte Findling vom unteren Bild ist oben im Bildvordergrund zu erkennen.

Auf diesem Friedhof wurde zunächst auch Friedrich Schiller begraben, bevor er auf den Historischen Friedhof umgebettet wurde (94)

*Zwei Ansichten vom Hietzinger Friedhof in Wien; auf dem obe-
ren Bild ist gut zu erkennen, daß er über der österreichischen
Metropole thront; auf dem Bild unten bekommt man einen Eindruck von den zahlreichen prachtvollen Mausoleen, die dem
Friedhof seinen Charakter verleihen* (121)

*Drei Komponisten, eine Begräbnis-
stätte: Auf dem St. Marxer Friedhof
in Wien wurden Wolfgang Amadeus
Mozart, Anton Diabelli (unten
links) und Johann Georg Albrechtsberger beigesetzt. Da Mozarts Grab
nicht mehr bestimmbar ist, erinnert
hier – wie auch auf dem Zentralfriedhof (s. S. 121 f.) – wenigstens ein
Denkmal an den genialen Komponisten* (127)

Der Zentralfriedhof in Wien ist unter anderem für seine mehr als 200 Ehrengräber berühmt, die sich auf die Abteilungen 32 A, 14 A und 32 C verteilen; hier vier Beispiele:

*Johann Nepomuk Nestroy (32 A; oben links), Curd Jürgens
(32 C; unten links), Johann Strauß/Sohn (32 A; oben), Ludwig
Anzengruber (14 A; unten) (128)*

*Eines der bemerkenswertesten Grabmäler auf dem St.-Leon-
hard-Friedhof in Graz ist das des Dichters R. Hamerling (102)*

Kilchberg bei Zürich war die letzte Station in Thomas Manns Leben; das Grab des berühmten Literaten befindet sich auf dem idyllisch gelegenen Friedhof des Ortes am Zürcher See (136)

Ein Kuriosum: In Kramsach im Inntal findet man einen Fried-
hof ohne Tote; lediglich die Grabkreuze wurden restauriert und
aufgestellt; das Originelle daran sind die Sprüche, die auf den
bis zu 300 Jahre alten Kreuzen zu lesen sind (108)

Waldfriedhof

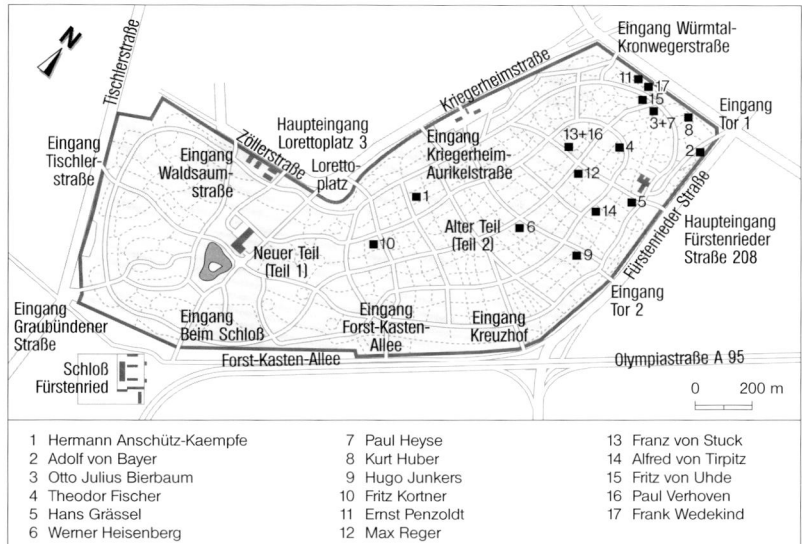

1 Hermann Anschütz-Kaempfe	7 Paul Heyse	13 Franz von Stuck
2 Adolf von Bayer	8 Kurt Huber	14 Alfred von Tirpitz
3 Otto Julius Bierbaum	9 Hugo Junkers	15 Fritz von Uhde
4 Theodor Fischer	10 Fritz Kortner	16 Paul Verhoven
5 Hans Grässel	11 Ernst Penzoldt	17 Frank Wedekind
6 Werner Heisenberg	12 Max Reger	

76 Waldfriedhof
D-80687 München

Lage und Erreichbarkeit: Fürstenrie-
derstraße 288, U-Bahnlinie 6 bis
Holzapfelkreuth, weiter mit Bus 41
oder 135 bis Waldfriedhof.

Geschichte und Besonderheiten: Der
nach der Konzeption des Architekten Hans Grässel angelegte und 1907
eröffnete Waldfriedhof wurde dank
seiner neuartigen Gestaltung weit
über Deutschland hinaus vorbildhaft: Grässel, der den Pomp der bürgerlichen Grabmalskulptur und die
Auswirkungen der industriellen
Massenfertigung ablehnte, schuf
eine einheitlich gestaltete Anlage,
die sich der vorhandenen Waldland-

*Der Haupteingang zum Waldfriedhof an der Fürstenrieder
Straße; der von Hans Grässel konzipierte Friedhof wurde wegen seiner Gestaltung – Einbettung in eine vorhandene Wald-
landschaft – über Deutschland hinaus vorbildhaft (76)*

schaft anzupassen versuchte. Für die Grabmäler wurden einheimische Materialien verbindlich, die Friedhofsgebäude wurden in Anknüpfung an regionale Formen im sogenannten Heimatstil gestaltet.

Der Münchner Waldfriedhof ist ein Beispiel für die Reformversuche, die zu Beginn dieses Jahrhunderts als Reaktion auf die Auswirkungen der Industriellen Revolution aufkamen.

Persönlichkeiten: Hermann Anschütz-Kaempfe (1872-1931, Erf), Adolf v. Bayer (1835-1917, N), Otto Julius Bierbaum (1865-1910, D), Theodor Fischer (1862-1938, A), Hans Grässel (1860-1939, A), Werner Heisenberg (1901-1976, Ph,N), Paul Heyse (1830-1914, D), Kurt Huber (1893-1943, Ph), Hugo Junkers (1859-1935, I), Fritz Kortner (1892-1970, R), Ernst Penzoldt (1892-1955, D), Max Reger (1873-1916, Mu), Franz v. Stuck (1863-1928, Ma), Alfred v. Tirpitz (1849-1930, Mi), Fritz v. Uhde (1848-1911, Ma), Paul Verhoeven (1901-1975, S), Frank Wedekind (1864-1918, D).

(Farbige Abbildung siehe Seite 77)

77 St.-Clemens-Friedhof und Friedhof der Namenlosen D-25946 Nebel auf Amrum

Lage und Erreichbarkeit: Neben der Kirche des Inseldorfes Nebel.

Geschichte und Besonderheiten: Seit dem 17. Jahrhundert wurden auf diesem kleinen Kirchhof die auf der Insel ansässigen Seeleute beigesetzt. Die reich verzierten und zum Teil beidseitig bearbeiteten Grabsteine erzählen vom Schicksal der »Grönlandfahrer«, die unter anderem als Walfänger, Steuerleute, Speckschneider, Harpuniere, Matrosen oder Köche gearbeitet hatten. Viele der Grabsteine sind mit Flachreliefs versehen, die Segelschiffe zeigen.

Am Ortsrand von Nebel besteht außerdem ein Friedhof für Namen- und Heimatlose. Ein weißer Stein und 32 Holzkreuze erinnern an jene Schiffbrüchigen, die das Meer an die Strände von Amrum gespült hat. Über der Holzpforte am Friedhofseingang ist der Spruch zu lesen: »Es ist noch eine Ruhe vorhanden«.

(Farbige Abbildung siehe Seite 78)

78 St. Johannisfriedhof D-90419 Nürnberg

Lage und Erreichbarkeit: Westlich der Altstadt, Am Johannisfriedhof/ Johannisstraße; Straßenbahnlinie 6 bis Brückenstraße.

Geschichte und Besonderheiten: Die Vorgeschichte dieses kulturgeschichtlich überaus bedeutenden Friedhofs reicht bis in die Mitte des 13. Jahrhunderts zurück. Damals wurden die Verstorbenen aus dem in der Nähe befindlichen Aussätzigenhaus auf dem neben der gotischen *St. Johanniskirche* - dem einzigen historischen Sakralbau der Stadt, der im Zweiten Weltkrieg nicht zerstört wurde – gelegenen Pestfriedhof beigesetzt. 1518 gab die Entscheidung der Stadt, daß aus hygienischen Gründen fortan keine Toten mehr in den Kirchen beigesetzt werden durften, den Anstoß zur Gründung des St. Johannisfriedhofs. Eine verbindliche Friedhofsordnung sorgte für eine Gestaltung, deren eigentümliche Geschlossenheit bis heute erkennbar blieb. Bis zum Anfang des 19. Jahrhunderts waren nur liegende Sandsteinblöcke zugelassen, die nach einem – bis heute erhaltenen – Eisenmaßstab abgemessen werden mußten. Verziert wurden die Grabplatten mit aufwendig gestalteten Inschrifttafeln und kunstvoll gegossenen Wappen.

Hervorzuheben ist die *Holzschuherkapelle*, die 1507 nach dem Vorbild des Heiligen Grabes in Jerusalem er-

Das sieben Meter hohe Müntzer-Grabdenkmal aus dem Jahre
1560 ist eines der kostbarsten und zugleich außergewöhnlich-
sten Kunstwerke des Nürnberger St. Johannisfriedhofs, auf dem
lange Zeit nur liegende Sandsteinblöcke zugelassen waren (78)

Hier das typische Bild, das sich dem Besucher auf dem St. Johannisfriedhof bietet: liegende Sandsteinblöcke als Grabmal, verziert mit aufwendig gestalteten Inschrifttafeln und kunstvoll gegossenen Wappen (78)

baut wurde. Der äußerlich schlichte Zentralbau, der 1523 zum Begräbnisplatz des Patriziergeschlechts der Holzschuher wurde, beherbergt in einer Nische die *Grablegung Christi*, die der Bildhauer Adam Krafft 1508 als sein letztes Werk schuf.

Persönlichkeiten: Jacob Burgschmiet (1796-1858, B), Albrecht Dürer (1471-1528, Ma), Anselm Feuerbach (1829-1880, Ma), Ludwig Feuerbach (1804-1872, Ph), Hans Meiser (1881-1956, Th), Willibald Pirkheimer (1470-1531, Humanist), Hans Sachs (1494-1576, D, genaue Grabstelle unbekannt), Veit Stoß (1455-1533, B,Ma).

79 St. Rochusfriedhof
D-90443 Nürnberg

Lage und Erreichbarkeit: U-Bahnlinie 1, 2 bis Haltestelle Am Plärrer.

Geschichte und Besonderheiten: Der dem Pestheiligen St. Rochus geweihte Friedhof wurde am 21. März 1519 – am gleichen Tag wie der größere Johannisfriedhof – eröffnet. Da Nürnberg zu dieser Zeit von einer Pestepidemie heimgesucht wurde, war neben dem Johannisfriedhof die Anlage dieses zweiten Begräbnisplatzes für die Lorenzer Stadtseite notwendig geworden. Charakter und Gestaltung sind ganz ähnlich wie bei St. Johannis; auf dem Rochusfriedhof liegen allerdings weniger Patrizier, statt dessen mehr Handwerker, deren – oft aus typischen Werkzeugen gebildete – berufsständische Symbole die liegenden Grabplatten zieren.
Einen architektonischen Akzent setzt die *Kapelle der Familie Imhoff.* Sie entstand 1520/21 – also unmittelbar nach Einweihung des Friedhofs – und wurde von Stadtbaumeister Hans Behaim d. Ä. und dessen Sohn Paulus in Nürnberger Spätgotik, verbunden mit italienisch beeinflußten Frührenaissance-Elementen, ausgeführt.

Persönlichkeiten: Johann Pachelbel (1653-1706, Mu), Peter Vischer d. Ä. (1460-1529, B).

80 Friedhof um die Ruine der Klosterkirche
D-02797 Kurort Oybin

Lage und Erreichbarkeit: Auf dem Oybinberg, dem Wahrzeichen des Kurortes; nur zu Fuß zu erreichen.

Geschichte und Besonderheiten: Eine ehemalige Raubritterburg wurde unter Karl IV. von 1346 an zur Festung ausgebaut. Kurze Zeit später siedelten sich Mönche aus Avignon auf dem Berg an, die 1384 ihre Klosterkirche vollendeten. Nach der Reformation wurde das Kloster 1540 aufgelöst und verfiel im Laufe der Zeit. Rings um die Ruine entstand ein überaus malerischer Friedhof. Ruine und Friedhof wurden zu einem beliebten Motiv romantischer Maler (u. a. Caspar David Friedrich und Ludwig Richter).

81 Alter Friedhof
D-14473 Potsdam

Lage und Erreichbarkeit: Heinrich-Mann-Allee, Straßenbahnlinien 91, 93, 96, 98.

Geschichte und Besonderheiten: Gleichzeitig mit der Schließung des Friedhofs am Nauener Tor entstand 1796 dieser Begräbnisplatz. Einige wertvolle Grabmäler – wie das des 1769 verstorbenen Bildhauers Peter Benckert – wurden von dem aufgelassenen Friedhof hierher versetzt.

Auf dem Neuen Friedhof in Potsdam, der an den Alten Friedhof angrenzt, wurde der Dichter Bernhard Kellermann bestattet (81)

Mit Hermann Schulze-Delitzsch fand einer der Begründer des deutschen Genossenschaftswesens seine letzte Ruhe auf dem Alten Friedhof in Potsdam (81)

An der Hauptallee erinnert eine tos-kanische Säule mit Adler an *Eleonore Prochaska*, die – in Männerkleidung – als Jäger August Renz dem Lützowschen Freikorps angehörte und 1813 fiel.

Persönlichkeiten: Ernst v. Bergmann (1836-1907, Med), Adolf Miethe (1862-1927, N), Johann Joachim Quantz (1697-1773, Mu), Alexander Schuke (gest. 1933, Orgelbaumeister), Hermann Schulze-Delitzsch (1808-1883, P).

Auf dem benachbarten Neuen Friedhof: Bernhard Kellermann (1879-1951, D), Rudolf Presber (1868-1935, D).

82 Friedhof Bornstedt
D-14469 Potsdam

Lage und Erreichbarkeit: Ribbeck-straße/Eichenstraße, Buslinie 692.

Geschichte und Besonderheiten: Der in direkter Nachbarschaft zum Park von Sanssouci gelegene Friedhof war der standesgemäße Begräbnisplatz für die Potsdamer Gesellschaft. Hier finden sich die Grabstätten der alteingesessenen Adelsfamilien und des gehobenen Bürgertums. Viele der Grabmäler sind herausragende Zeugnisse der Sepulkralplastik des 17. bis 19. Jahrhunderts. Ein Wege- und Namensplan ist am Eingang erhältlich.
Bemerkenswert ist die 1856 nach einem Entwurf von August Stüler vollendete *Kirche mit separatem Glokkenturm.*

Persönlichkeiten: Waldemar Edler v. Baußner (1866-1931, Mu), Erich v. Falkenhayn (1861-1922, Mi), Peter Joseph Lenné (1789-1866, A), Ludwig Persius (1803-1845, A).

Als Generaldirektor der königlichen Gärten hätte sich P. J. Lenné keinen schöneren Begräbnisplatz wünschen können, als auf dem Friedhof Bornstedt, in unmittelbarer Nachbarschaft zum Park von Sanssouci (82)

83 Jüdischer Friedhof
D-14469 Potsdam

Lage und Erreichbarkeit: Puschkinallee 15, Straßenbahnlinien 92, 95.

Geschichte und Besonderheiten: 1743 wurde dieser Friedhof unter Friedrich II. gegründet und der jüdischen Gemeinde als einziger Begräbnisplatz der Stadt zur Verfügung gestellt. 1801 erhielt der Friedhof eine feste Mauer und eine Leichenhalle. 1910-1912 wurde der Begräbnisplatz stark erweitert, belegt ist aber nur etwa die Hälfte des 5000 Quadratmeter großen Areals. Erhalten blieb ein großer Bestand von Grabmälern aus dem 18. Jahrhundert.

In der NS-Zeit, als die jüdische Gemeinde Potsdams vernichtet wurde, verfiel der Friedhof und auch während der DDR-Ära kümmerte sich kaum jemand um dieses einzige Zeugnis jüdischer Kultur, das in Potsdam erhalten blieb. Erst nach der Wende begannen Restaurierungsarbeiten.

Persönlichkeiten: Adolph Abramczyk (1827-1885, jüdischer Gelehrter), Tobias Cohn (1826-1904, Rabbiner), Louis Nathan (1856-1925, I).

84 Friedhof D-01445 Radebeul

Lage und Erreichbarkeit: Friedhofstraße, Bus 327 oder Straßenbahn 5 bis Schildenstraße; dann zu Fuß über die Wasastraße zur Friedhofstraße.

Geschichte und Besonderheiten: Der im 19. Jahrhundert angelegte Friedhof verfügt über einige aufwendig gestaltete Grabmäler des Historismus. Zur vielbesuchten Pilgerstätte wurde der Friedhof jedoch aufgrund des bemerkenswerten Mausoleums, das der Dresdner Bildhauer Selmar Werner für den Abenteuerschriftsteller Karl May schuf, der in der unweit gelegenen »Villa Shatterhand« gelebt hat.

Persönlichkeiten: Karl May (1842-1912, D).

85 Neuwerker Friedhof und Garnisonfriedhof D-24768 Rendsburg

Lage und Erreichbarkeit: Südlich der Altstadt, dicht bei dem Nord-Ost-see-Kanal (zwischen Fußgänger- und Fahrzeugtunnel); Zugang über Friedhofsallee.

Geschichte und Besonderheiten: Neuwerker Friedhof und Garnisonfriedhof bilden ein gemeinsames Areal, das nur durch die Friedhofsallee getrennt wird. Beide Friedhöfe spiegeln die Geschichte der Stadt wider; auf dem 1805 eingeweihten Garnisonfriedhof sind zahlreiche Militärs beigesetzt. Ein Granitblock erinnert an die China- und Afrikakämpfer der Jahre 1901-05, ein weiteres Denkmal an die 110 Toten der Labradorexpedition von 1850. In einem Massengrab liegen 300 Opfer einer Cholera-Epidemie aus dem Jahre 1850.
Etwas abseits liegt der *Sklavenfriedhof,* auf dem während der dänischen Herrschaft (bis 1848) Sklaven (Strafgefangene, die in Festungswerken arbeiten mußten) beerdigt wurden.

Persönlichkeiten: Hans Bredow (1879-1959, P), Theodor Steltzer (1885-1967, P, Mitglied des »Kreisauer Kreises«, erster Ministerpräsident von Schleswig-Holstein bis 1947); beide auf dem Neuwerker Friedhof.

86 Unter den Linden D-72760 Reutlingen

Lage und Erreichbarkeit: Unter den Linden; unweit vom Bahnhof, neben dem Hotel Germania.

Geschichte und Besonderheiten: Über 1000 Jahre lang wurden hier Menschen bestattet. In der auf 1805 datierten ersten schriftlichen Beschreibung des Friedhofs heißt es: »Der Kirchhof liegt von der Stadt entfernt gegen Norden neben dem Waisenhaus. Er ist mit Mauern umfangen und mitten durch denselben fließt ein Bach.«
Eine interessante Entwicklung nahm der Friedhof um die Wende vom 18. zum 19. Jahrhundert, als am 1. Advent 1798 eine neue Leichenordnung in Kraft trat, die die herkömmlichen Familienbegräbnisse aufhob und festlegte, daß »jede Leiche ohne Ausnahme der Person, des Vermögens, Alters, Geschlechts

Künstlerisch wertvolles Familiengrab auf dem Friedhof Unter den Linden in Reutlingen; dieser Friedhof wurde mehr als 1000 Jahre belegt (86)

oder Standes« der Reihe nach begraben werden sollte. Angeregt wurde diese von aufklärerischem Geist durchdrungene Festlegung von dem radikal-demokratischen Reutlinger Bürgermeister Johann Jakob Fezer. Nach seinem Sturz im Jahre 1802 hob man die Leichenordnung wieder auf, fortan waren Familienbegräbnisse wieder erlaubt.

Auf dem Reutlinger Friedhof blieben zahlreiche künstlerisch wertvolle Grabmäler erhalten.

87 Alter Kirchhof
D-06686 Röcken

Lage und Erreichbarkeit: Das kleine Dorf liegt an der Bundesstraße 87 westlich von Lützen.

Geschichte und Besonderheiten: Reste des alten Kirchhofs, der die Dorfkirche umgeben hatte, sind erhalten. Direkt an der Kirchenmauer befinden sich die Gräber des Philosophen Friedrich Nietzsche und seiner Schwester. Am benachbarten Pfarrhaus, Nietzsches Geburtshaus, befindet sich eine Gedenktafel.

Persönlichkeiten: Elisabeth Förster-Nietzsche (1846-1935, D), Friedrich Nietzsche (1844-1900, D).

88 Südwestfriedhof
D-14532 Stahnsdorf

Lage und Erreichbarkeit: Südlich von Zehlendorf; von Potsdam (Bassinplatz) mit den Buslinien 601, 602 bis Stahnsdorf Bahnhofstraße; vom Berliner S-Bahnhof Zehlendorf mit Buslinie 623 bis Stahnsdorf Bahnhofstraße.

Geschichte und Besonderheiten: 1909 beschloß der protestantische Stadtsynodalverband von Berlin die Anlage dieses Friedhofs gleich hinter Klein-Machnow. Die Anlage hat den Charakter eines Waldfriedhofs mit reichem Baumbestand. Etwa 100000 Grabstellen befinden sich auf diesem Friedhof, viele prominente Künstler, Wissenschaftler, Schriftsteller und Unternehmer wurden hier beigesetzt.

Hier finden sich künstlerisch überaus bedeutende Grabmale wie das *Erbbegräbnis Siemens* oder das *Erbbegräbnis Wissinger*, das 1923 nach Entwurf des Architekten Max Taut errichtet wurde. Dieses wohl ungewöhnlichste expressionistische Grabmal der Welt konnte 1989 – noch kurz vor der Wende – in deutsch-deutscher Zusammenarbeit restauriert werden.

Zum Friedhof führte ursprünglich eine eigene S-Bahnverbindung, die jedoch nach dem Mauerbau eingestellt wurde. Seit Wende und Wiedervereinigung werden wieder – wie vor 1961 – zahlreiche Tote aus den westlichen Bezirken Berlins hier beigesetzt.

Auf dem etwa 200 Hektar großen Südwestfriedhof wurden viele Prominente bestattet, so auch der Hellseher Erik Jan Hanussen (88)

Südwestfriedhof

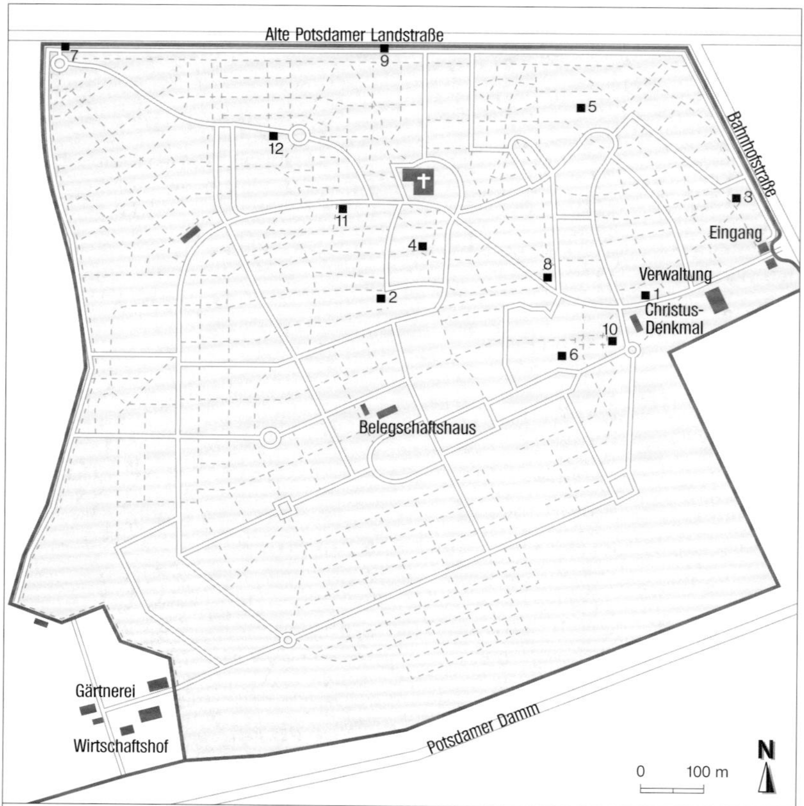

Alte Potsdamer Landstraße
Bahnhofstraße
Eingang
Verwaltung
Christus-Denkmal
Belegschaftshaus
Gärtnerei
Wirtschaftshof
Potsdamer Damm
0 100 m
N

1 Georg Graf von Arco
2 Lovis Corinth
3 Hugo Distler
4 Wilhelm Groener
5 Erik Jan Hanussen
6 Engelbert Humperdinck
7 Gustav Langenscheidt
8 Friedrich Wilhelm Murnau
9 Ferdinand von Richthofen
10 Carl Ludwig Schleich
11 Werner von Siemens
12 Heinrich Zille

Persönlichkeiten: Georg Graf v. Arco (1869-1940, N), Lovis Corinth (1858-1925, Ma), Hugo Distler (1908-1942, K), Wilhelm Groener (1867-1939, Mi), Erik Jan Hanussen (1889-1933) (»Hellseher«), Engelbert Humperdinck (1854-1921, K), Ferdinand Freiherr v. Richthofen (1833-1905, N), Carl Ludwig Schleich ((1859-1922, Med), Werner v. Siemens (1816-1892, Unternehmensgründer), Heinrich Zille (1858-1929, Ma).

LOVIS CORINTH
GEB. 21. JULI 1858 IN TAPIAU
GEST. 17. JULI 1925 IN ZANDVOORT

Auch der Maler Lovis Corinth fand in Stahnsdorf seine letzte Ruhe; heute werden hier wieder zahlreiche Tote aus den westlichen Bezirken Berlins beigesetzt (88) ▷

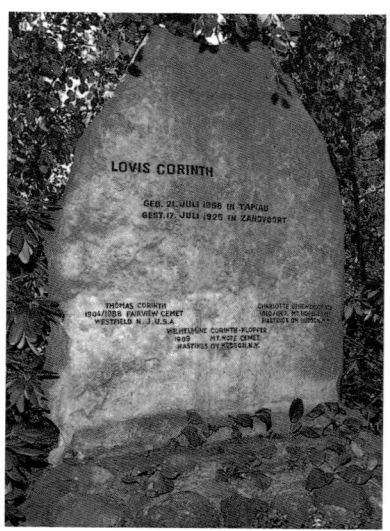

89 Hoppenlaufriedhof D-70174 Stuttgart

Lage und Erreichbarkeit: Westlich der Innenstadt, Zugang von der Rosenbergstraße; Buslinie 42, Straßenbahnlinie 4.

Geschichte und Besonderheiten: Als ältester noch erhaltener Friedhof der Stadt wurde der Hoppenlaufriedhof 1626 eröffnet. Die Begräbnisstätte war aufgrund von Pestepidemien während des Dreißigjährigen Krieges notwendig geworden. Mit der Schließung anderer Friedhöfe (Hospitalkirchhof 1746, Mittlerer Spitalkirchhof 1785, Leonhardskirchhof 1798) gewann der Friedhof immer mehr an Bedeutung, so daß es von der Mitte des 18. bis zur Mitte des 19. Jahrhunderts zu mehreren Erweiterungen des Areals kam. Nachdem 1832 in Stuttgart wieder eine jüdische Gemeinde gegründet wurde, entstand in dem rechtwinklig an den Hoppenlaufriedhof grenzenden Bereich ein eigener *jüdischer Friedhof.*

Hoppenlaufriedhof

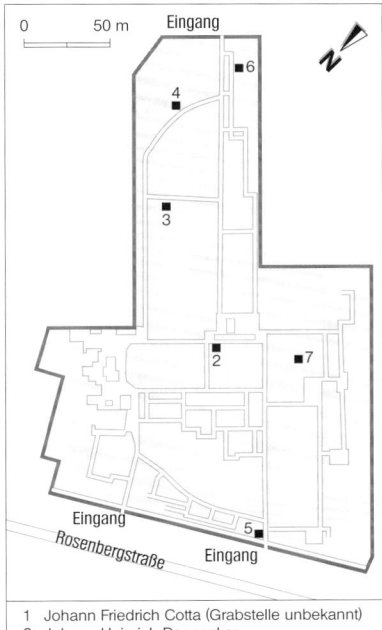

1 Johann Friedrich Cotta (Grabstelle unbekannt)
2 Johann Heinrich Dannecker
3 Wilhelm Hauff
4 Karl Friedrich von Kerner
5 Wolfgang Menzel
6 Christian F. D. Schubart
7 Gustav Schwab

Der Hoppenlaufriedhof in Stuttgart ist mittlerweile eine beliebte Rückzugsmöglichkeit inmitten der Großstadthektik (89)

Da der Platz durch den stetigen Bevölkerungszuwachs nicht mehr ausreichte, wurde der Hoppenlauffriedhof am 1. Juli 1880 für Bestattungen geschlossen. Die Anlage mit ihren teilweise wertvollen Grabdenkmälern und dem alten Baumbestand ist inzwischen ein beliebter Park inmitten der Großstadthektik.

Persönlichkeiten: Johann Friedrich v. Cotta (1764-1832, V), Johann Heinrich v. Dannecker (1758-1841, B), Wilhelm Hauff (1802-1827, D), Christian Friedrich Daniel Schubart (1739-1791, D), Gustav Schwab (1772-1850, D).

(Farbige Abbildung siehe Seite 79)

90 Pragfriedhof
D-70376 Stuttgart

Lage und Erreichbarkeit: Friedhofsstraße 44, Straßenbahnlinie 5.

Geschichte und Besonderheiten: Im Zuge der Großstadtentwicklung wurde der Friedhof auf den sogenannten Pragäckern 1872 im Norden der Stadt angelegt. Als Begräbnisplatz zahlreicher bedeutender Persönlichkeiten ist er eng mit der Geschichte Stuttgarts in den letzten 100 Jahren verbunden.
1873 bis 1876 erbaute der Ulmer Baumeister A. Beyer die *Kapelle* im neugotisch gestalteten Eingangsbereich entlang der Friedhofsstraße. Das 1907 von W. Scholter errichtete *Krematorium* ist ein bedeutender Bau des Jugendstil.

Persönlichkeiten: Willi Baumeister (1889-1955, Ma), Karl v. Etzel (1812-1865, I), Cäsar Flaischlen (1864-1920, D), Friedrich Karl v. Gerok (1815-1890, Th), Eduard Mörike (1804-1875, D), Claire Waldorff (1884-1957, S), Ferdinand Graf v. Zeppelin (1838-1917, Erf).

91 Alter Stadtfriedhof
D-72076 Tübingen

Lage und Erreichbarkeit: Gmelinstraße, Buslinie 5 bis Altklinikum.

Geschichte und Besonderheiten: Am 30. November 1829 wurde der Hufschmied Jakob Engelfried hier beigesetzt. Nach dieser ersten Grabstätte nannte man den Friedhof in seiner Anfangszeit »Engelfrieds Hof«. Bald folgten zahlreiche Reihengräber, aufwendige Familiengrabstätten waren zunächst nicht zugelassen. Das älteste erhaltene Grabdenkmal – ein gußeisernes Kreuz auf der Grabstelle des Kauf-

Die Grabstätten von Hölderlin und Uhland (s. rechts) machen den Alten Stadtfriedhof zu einer Pilgerstätte für Literaturtouristen (91)

Ludwig Uhlands Grab zählt zusammen mit dem von Friedrich Hölderlin (s. links) zu den meistbesuchten in Tübingen (91)

manns Jacob Conrad Schweickhardt – stammt noch aus dem Jahre 1830.

Der Friedhof war kein öffentlicher Ort, der der Erbauung seiner Besucher dienen sollte, nicht ästhetische, sondern praktische Gesichtspunkte bestimmten den Charakter der Begräbnisstätte. Erst ab 1874 wurden Familiengrabstätten angelegt, Mausoleen waren jedoch weiterhin nicht gestattet. Da der Friedhof lange Zeit keine gärtnerische Betreuung erfuhr, kümmerte sich schließlich ein Verschönerungsverein um die Anlage. Die Grabstätten von Hölderlin und Uhland machten den Friedhof später zur Pilgerstätte für Literaturtouristen.

An ein dunkles Kapitel deutscher Geschichte erinnert das mit einer Gedenkplatte versehene »Gräberfeld X«: Hier, wo bereits seit 1849 sogenannte »Anatomieleichen« beigesetzt wurden, liegen Hunderte von namenlosen Opfern des Nazi-Regimes.

Persönlichkeiten: Friedrich Hölderlin (1770-1843, D), Hermann Kurz (1813-1873, D), Isolde Kurz (1853-1944, D), Julius Lothar Meyer (1830-1895, N), Friedrich Silcher (1789-1860, Mu), Eduard Spranger (1882-1963, Ph), Ludwig Uhland (1787-1862, D).

92 Alter Friedhof
D-89081 Ulm

Lage und Erreichbarkeit: Im Stadtzentrum, zwischen Karlstraße, Olgastraße und Frauenstraße.

Geschichte und Besonderheiten: Im siebenten oder achten Jahrhundert gegründet, war der 1898 geschlossene Friedhof etwa 1000 Jahre in Benutzung. Ursprünglich wohl im Mittelpunkt der Stadt, bedingte eine Verlagerung des Siedlungskerns seinen jetzigen, nördlich des Zentrums gelegenen Standort.

Zunächst bestand der Alte Friedhof aus zwei voneinander getrennten Bereichen für bürgerliche und nichtbürgerliche Verstorbene. Auf dem weniger privilegierten Bereich, der zunächst durch ein Gartengrundstück und bis 1812 durch einen Zaun vom bürgerlichen Teil abgetrennt war, bestattete man die »Fremden, die Soldaten, die Pilger, die Ärmsten der Armen, die Findel-, Waisen- und Ungetauften-Kinder, aber auch die im Spital- und im Siechen- oder Leprosenhaus Verstorbenen«. Anfang des 19. Jahrhunderts kam es zu einer Neugestaltung des Friedhofs, 1812 bis 1817 entstand eine neue Ummauerung, in den 30er Jahren wurde auch ein rechtwinkliges Wegesystem angelegt.

Die neuromanische *Friedhofska-pelle* wurde 1870 erbaut, in deren Außenwand man einige der älteren Grabsteine mit einmauerte. Aus dem Jahre 1805/06 stammt der *Sarkophag des Grafen Arco*, das älteste erhaltene Grabmal dieses historisch so bedeutsamen Friedhofs.

93 Historischer Friedhof D-99423 Weimar

Lage und Erreichbarkeit: Südlich der Innenstadt, Am Poseckschen Garten, Hausknecht-Straße.

Geschichte und Besonderheiten: Nachdem sich der Jakobskirchhof als zu klein erwiesen hatte, wurde der »Friedhof vor dem Frauentor« als zweite Begräbnisstätte Weimars 1818 eröffnet. Fast sieben Jahre

Blickfang auf dem Historischen Friedhof in Weimar ist die Russisch-byzantinische Kapelle; sie schließt direkt an die Fürstengruft an (93)

hatte sich zuvor eine Kommission mit der Anlage des Friedhofs beschäftigt, als Vorbilder wurden der Dessauer Friedhof sowie der Gottesacker der Herrnhuter Brüdergemeine genannt.

Als repäsentatives Mausoleum schuf Clemens Wenzeslaus Coudray im Auftrag von Carl August 1824-1825 die *Fürstengruft*, die heute als eine der wichtigsten Sehenswürdigkeiten Weimars gilt, weil hier Goethe und Schiller beigesetzt wurden.

Architektonisch besonders markant ist die 1859-1862 für Carl Augusts Schwiegertochter, die russische Großherzogin Maria Pawlowna, erbaute *Russisch-byzantinische Kapelle.* Die kleine Kirche mit ihrer vergoldeten Zwiebelkuppel, die sich der Fürstengruft direkt anschließt, ist aufwendig ausgestattet und wird auch heute noch von der kleinen russisch-orthodoxen Gemeinde Weimars genutzt.

Auf dem Friedhof befinden sich zahlreiche Gräber von Persönlichkeiten aus dem Umkreis von Goethe und Schiller. Im neueren Teil wurden aber auch 114 Buchenwald-Häftlinge beigesetzt, die nicht identifiziert werden konnten. Das von Walter Gropius gestaltete *Mahnmal Der Blitz* erinnert an jene, die beim Kapp-Putsch im März 1920 ums Leben kamen.

Der Historische Friedhof, dessen Gräber teilweise von Efeu überwuchert sind, gehört zu den schönsten und bedeutendsten Begräbnisstätten in Deutschland.

Persönlichkeiten: Hermann Abendroth (1883-1956, Mu), Johann Peter Eckermann (1792-1854, Goethes Privatsekretär), Johannes Daniel Falk (1768-1826, D), Louis Fürnberg (1909-1957, D), Johann Wolfgang v. Goethe (1749-1832, D), Ottilie v. Goethe (1796-1872, Goethes Schwiegertochter), Johann Nepomuk Hummel (1778-1837, Mu), Friedrich Schiller (1759-1805, D), Luise Seidler (1786-1866, Ma), Charlotte v. Stein (1742-1827, Freun-

Eines der zentralen Touristenziele in Weimar ist die Fürstengruft, finden sich hier doch u. a. die Gräber von Goethe und Schiller (93)

din Goethes), Christian Vulpius (1762-1827, D, Goethes Schwager).

Auf dem südlichen Teil, der als *Neuer Friedhof* bezeichnet wird: Carl Bulcke (1875-1936, D), Adolf v. Donndorf (1835-1916, B), Ernst v. Wildenbruch (1845-1909, D).

Familien sich keine Erbbegräbnisse leisten konnten. Auch Friedrich Schiller wurde 1805 zunächst hier beerdigt, 1827 jedoch in die Fürstengruft auf dem Historischen Friedhof umgebettet.

Persönlichkeiten: Lucas Cranach d. Ä. (1472-1553, Ma), Christiane Goethe geb. Vulpius, (1765-1816, Ehefrau Goethes), Johann Karl August Musäus (1735-1787, D).

(Farbige Abbildungen siehe Seite 81)

94 Jakobsfriedhof
D-99423 Weimar

Lage und Erreichbarkeit: Am Jakobskirchhof.

Geschichte und Besonderheiten: 1530 in der sogenannten Jakobsvorstadt eröffnet, ist er der älteste erhaltene Friedhof der Stadt. Fast 300 Jahre, bis zur Schließung 1818, war er der einzige Begräbnisplatz in Weimar. Später gestaltete man das Areal zu einer Parkanlage um, die historischen Grabstätten blieben erhalten. An der Südostecke befindet sich das *Kassengewölbe*, eine kleine Halle in Barockformen, in der angesehene Persönlichkeiten aus den Mittelschichten beigesetzt wurden, deren

Eingang zum Kassengewölbe; hier wurde Friedrich Schiller zunächst beigesetzt, bevor man ihn 1827 in die Fürstengruft umbettete (94)

95 Alter Friedhof
D-65193 Wiesbaden

Lage und Erreichbarkeit: Nordwestlich der Innenstadt, an der Platter Straße/Johannes-Maaß-Straße.

Geschichte und Besonderheiten: Jahrhundertelang war der Alte Friedhof Wiesbadens bedeutendste Begräbnisstätte. Wichtige Persönlichkeiten der Stadt – nassauische Räte, Publizisten, Wissenschaftler, Industrielle – fanden hier ihre letzte Ruhestätte. 1975 wurde das idyllische Areal mit seinen hohen Bäumen zu einem Freizeitpark umgestaltet. Dabei ebnete man einen großen Teil ein.

Persönlichkeiten: August Conrady (1864-1925, D), Remigius Fresenius (1818-1897, N), Fanny Lewald (1811-1871, D), Wilhelm Örtel (1798-1867, D), Adolf Stahr (1805-1876, D).

96 Nordfriedhof
D-65193 Wiesbaden

Lage und Erreichbarkeit: Platter Straße (Bundesstraße 417): Eingang direkt gegenüber der Freizeitanlage »Unter den Eichen«.

Geschichte und Besonderheiten: Auf einem großen Areal an der Platter Straße wurde 1877 der Nordfriedhof angelegt, der bald zur wichtigsten Begräbnisstätte Wiesbadens wurde. Mehr als 40000 Gräber entstanden hier, vor allem die Grabmäler aus dem späten 19. Jahrhundert zeugen mit ihrer prunkvollen Gestaltung vom Selbstverständnis des wohlhabenden Bürgertums. Neben lokalen Größen ruhen hier auch einige Dichter und Künstler.
Nördlich grenzt der *Jüdische Friedhof* an, der seit 1890 besteht. Charakteristisch sind hier die großen, kegelförmig geschnittenen Lebensbäume.

Persönlichkeiten: Friedrich v. Bodenstedt (1819-1892, D), Otto von Corvin-Wiersbitzki (1812-1886, Jou), Ferdinand Möhring (1816-1887, K), Johann Schuckert (1846-1895, I).

97 Russischer Friedhof
D-66193 Wiesbaden

Lage und Erreichbarkeit: Vom Nerotal aus über die Nerobergstraße, unweit der russischen Kapelle.

Geschichte und Besonderheiten: Die russische Herzogin Elisabeth Michailowna, eine Nichte des Zaren, war die erste Gemahlin des Erzherzogs Adolf von Nassau. Nachdem sie 1845 im Kindbett starb, wurde ihr nach Entwurf des Architekten Philipp Hoffmann eine Gruftkirche in russisch-byzantinischem Stil erbaut. Unweit dieses prachtvollen Sakralbaus entstand der russische Friedhof, auf dem zahlreiche Angehörige der russischen Kolonie beigesetzt wurden. Dabei handelt es sich nicht nur um russische Angehörige des Hofes, sondern auch um zahlreiche Persönlichkeiten aus dem Zarenreich (zum Teil auch aus dem Baltikum, vor allem Adelige und Offiziere), die das noble Kurbad im 19. und frühen 20. Jahrhundert angezogen hatte. Der russische Friedhof mit seinen in ihrer Gestaltung mitunter fremd anmutenden Grabmälern ist eine reizvolle Anlage an dem Weg, der vom Neroberg zum Dambachtal führt.

98 Alter Friedhof
D-06886 Lutherstadt Wittenberg

Lage und Erreichbarkeit: Südlich der Dresdner Straße, vom Bahnhof zu Fuß über die Bahnschranken, dann auf der Dresdner Straße gleich rechts.

Geschichte und Besonderheiten: Obwohl die Reformatoren Martin Luther und Philipp Melanchthon nicht hier, sondern in der Schloßkirche beigesetzt wurden, ist dieser Friedhof sehenswert.

Bereits im 14. Jahrhundert bestand hier das Heiligkreuzspital, ein Leprosenhaus, das auf eine Stiftung des sächsischen Kurfürsten zurückgeht. Die heute nicht mehr bestehende Hospitalkapelle war dem Apostel Matthäus und Maria Magdalena geweiht. Der Friedhof entstand 1502. Da sich – bedingt durch die Gründung der Wittenberger Universität – die Bevölkerungszahl Anfang des 16. Jahrhunderts stark erhöhte, reichte der Friedhof an der Stadtkirche bald nicht mehr aus. Aus diesem Grund empfahl Martin Luther 1527, den Hospitalfriedhof zur allgemeinen Nutzung freizugeben und zu erweitern. Die *Mauer* und das *Portal* entstanden um 1550. Erhalten blieben zahlreiche wertvolle Sandsteingrabplatten – die allerdings zum Teil stark verwittert sind – aus dem 16. bis 18. Jahrhundert.

Zwei Beispiele für aufwendig gestaltete Erbbegräbnisse auf dem Neuen Friedhof in der Lutherstadt Wittenberg (99)

(Farbige Abbildung siehe Seite 80)

99 Neuer Friedhof D-06886 Lutherstadt Wittenberg

Lage und Erreichbarkeit: Nördlich der Dresdner Straße, vom Bahnhof zu Fuß über die Bahnschranken, dann nach etwa 200 Metern auf der Dresdner Straße links (gegenüber dem Alten Friedhof).

Geschichte und Besonderheiten: Nachdem der Alte Friedhof stark belegt war, plante man 1598 eine weitere Begräbnisstätte auf der anderen Seite der Dresdner Straße. Der Wittenberger Bürgermeister Selfisch und andere Honoratioren stifteten größere Summen, die die Anlage des Friedhofs ermöglichten.

Die Akzeptanz der Neugründung wurde durch eine Gebührenordnung durchgesetzt: Auf dem Alten Friedhof kostete die Grabstelle einen Reichstaler, auf dem Neuen Friedhof war sie kostenlos.

Die alte *Toranlage* an der Dresdner Straße entstand 1602. Im Laufe der Jahrhunderte wurde der Friedhof mehrfach erweitert. Erhalten blieben Grabmäler aus dem 17. und 18. Jahrhundert sowie einige aufwendige Erbbegräbnisse aus der Gründerzeit.

100 Der Heilige Sand
D-67547 Worms

Lage und Erreichbarkeit: Willy-Brandt-Ring/Andreas-Ring, ganz in der Nähe des Doms St. Peter; Buslinie 4.

Geschichte und Besonderheiten: Der bereits im 11. Jahrhundert gegründete Friedhof gehört neben der Begräbnisstätte im ehemaligen Prager Getto zu den berühmtesten und wertvollsten jüdischen Friedhöfen in Mitteleuropa. Etwa 2000 zum Teil noch mittelalterliche Grabstellen umfaßt der Friedhof, der auf dem Gelände einer ehemaligen Sandgrube ursprünglich vor den Mauern der Stadt angelegt wurde.
Der Friedhof besteht aus zwei Teilen: dem älteren, tiefergelegenen Bereich mit dem *Rabbinental* und dem höhergelegenen Terrain an der Westgrenze der Anlage, der erst seit dem 18. Jahrhundert belegt wird. Da die Stadt über ihre alten Grenzen hinauswuchs, war der Friedhof im 19. Jahrhundert mehrfach von der Schließung bedroht. Erst 1911 verlor er seine Funktion an den Friedhof auf der Hochheimer Höhe. Während der NS-Zeit mutwillig beschädigt und von Kriegszerstörungen betroffen, wurde der Friedhof mit seinen künstlerisch sehr wertvollen Grabmälern nach 1945 teilweise restauriert.
Am Eingang des Friedhofs steht das schlichte *Mitharhaus*, in dem die Leichen von der Begräbnisbrüderschaft gereinigt wurden. Ein paar Schritte weiter befindet sich ein Waschbecken, in dem die Besucher ihre Hände reinigen können. Es werden regelmäßig Führungen durch diesen bedeutenden jüdischen Friedhof organisiert.

Persönlichkeiten: Rabbi Meir von Rothenburg (um 1220-1293, Th, Jur), Alexander ben Salomo Wimpfen (gest. 1307, Kaufmann, löste mit seinem gesamten Vermögen den Leichnam des in kaiserlicher Gefangenschaft gestorbenen Rabbi Meir aus), Rabbi Jakob Molin, genannt Maharil (gest. 1427, Th).

(Farbige Abbildung siehe Seite 79)

101 Hauptfriedhof
D-97070 Würzburg

Lage und Erreichbarkeit: Mit Buslinie 26 oder zu Fuß vom Hauptbahnhof über den Röntgenring zum Berliner Ring.

Geschichte und Besonderheiten: Anstelle zahlreicher Kirchhöfe, die nach der Säkularisation überwiegend aus hygienischen Gründen aufgelassen wurden, entstand 1806 der Hauptfriedhof als allgemeiner Begräbnisplatz (außer für die Angehörigen der jüdischen Gemeinde, die an der Faulenbergstraße einen eigenen Friedhof hatten). Besonders der älteste Teil des Friedhofs ist reich an künstlerisch wertvollen Grabmälern aus dem frühen 19. Jahrhundert.
Dem Hauptweg vom Leichenhaus zur 1859 eingeweihten *Friedhofskapelle* folgend, an der ersten Quermauer links, befinden sich die *städtischen Ehrengräber*, in denen zehn namhafte Persönlichkeiten beigesetzt sind, die sich in besonderer Weise Verdienste um Würzburg erworben haben.

Persönlichkeiten: Georg Friedrich Daumer (1800-1875, D,Ph, Erzieher von Kaspar Hauser), Max Dauthendey (1867-1918, D), Karoline Junot geb. v. Schiller (1799-1850, Schillers Tochter), Wilhelm Leibl (1844-1900, Ma), Agnes Sapper (1852-1929, D), Hermann Zilcher (1881-1948, K), Winfried Zillig (1901-1963, Mu).

ÖSTERREICH

Tschechische Republik

Bundesrepublik
Deutschland

Linz 109

Klosterneuburg-
Weidling 107

Wien 114-128

Slowakische Republik

Salzburg 110-112

St. Gilgen 113

Österreich

Liechten-
stein

Kramsach/Tirol 108
Innsbruck 105, 106

Graz 102-104

Schweiz

Ungarn

Italien

Slowenien

Kroatien

102 St.-Leonhard-Friedhof
A-8010 Graz

Lage und Erreichbarkeit: Leonhard-
straße, Straßenbahnlinie 7.

Geschichte und Besonderheiten: Auf
dem Friedhof, der 1817 eröffnet
wurde, befinden sich bemerkenswerte Grabmäler aus dem 19. Jahrhundert, wie zum Beispiel das Mar-
mor-Grabdenkmal des Dichters Robert Hamerling (gest. 1889).
Die *Grabkapelle,* ein Kuppelbau in
orientalisierendem Stil, schuf der dä-
nische Architekt Theophil Hansen
für Anton Graf Prokesch-Osten. Sie
wurde 1872 geweiht.

Persönlichkeiten: Ludwig v. Benedek
(1804-1881, Mi), Robert Hamerling
(1830-1889, D).

(Abbildungen siehe Seite 86 und
108)

*Der St.-Leonhard-Friedhof in Graz
mit der Grabkapelle für Anton Graf
Prokesch-Osten, die von Theophil
Hansen errichtet wurde* (102)

Beispiel für die zahlreichen bemerkenswerten Grabmäler vom ausgehenden 19. Jahrhundert auf dem St.-Leonhard-Friedhof in Graz; dieses schuf der Bildhauer August Ortwein (102)

103 St.-Peter-Stadtfriedhof A-8042 Graz

Lage und Erreichbarkeit: Petergasse 67, Straßenbahnlinie 6.

Geschichte und Besonderheiten: Der Friedhof wurde 1807 eröffnet. Hervorzuheben ist der große Bestand an klassizistischen Grabmälern. Besonders auffällig ist das Grabdenkmal des Maria-Theresia-Ordensritters Anton Freiherr von Zach (gest. 1826). Es ist dem von Schinkel geschaffenen Scharnhorst-Grab auf dem Berliner Invalidenfriedhof nachempfunden und zeigt wie dieses eine liegende Löwenfigur. Einige der Grabmäler schuf der Bildhauer Hans Brandstetter, der auch sein eigenes Grab (mit einer weiblichen Figur als Allegorie der Vergänglichkeit) ausführte. Aus der frühesten Zeit des Friedhofs stammt die klassizistische Grabstätte der Fürstin zu Salm mit einer stilisierten Tempelfassade.

Persönlichkeiten: Hans Brandstetter (1854-1925, B), Friedrich von Hausegger (1837-1899, D, Mu), Carl Muck (1859-1940, Mu).

104 Zentralfriedhof A-8020 Graz

Lage und Erreichbarkeit: Straßenbahnlinie 5, Buslinie 50.

Geschichte und Besonderheiten: Der städtische Friedhof entstand Ende des 19. Jahrhunderts.
Die Kapelle wurde 1898-1902 von dem Architekten Karl Lanzil als Zentralanlage mit Kuppel erbaut. In der nördlichen Arkadenhalle befindet sich die *Johann-Nepomuk-Gruppe* von Johann Jakob Schony aus dem Jahre 1726, deren ursprünglicher Standort an der »Steinernen Brücke« über den Mühlgang in der Karlau gewesen ist.

Nördlich des Zentralfriedhofs steht an der Triester Straße das *Krematorium,* ein Werk des Wiener Architekten Erich Boldenstern aus dem Jahre 1932.

Persönlichkeiten: Fritz Pregl (1869-1930, N).

105 Friedhof Mühlau A-6020 Innsbruck

Lage und Erreichbarkeit: Buslinie C Richtung Rum bis Mühlau Hauptplatz.

Geschichte und Besonderheiten: Der schön gelegene Friedhof, der einen Ausblick auf die Stadt eröffnet, wurde um die Jahrhundertwende gegründet. Bemerkenswert ist diese Anlage, die aus einem älteren und einem jüngeren Teil besteht, vor allem weil sich hier die Grabstätten einiger bedeutender Literaten befinden. Am berühmtesten ist im Gräberfeld B die *Ruhestätte des Dichters Georg Trakl.* Er starb 1914 in Kra-

Grab von Georg Trakl, dem an der Innsbrucker Universität eine eigene Forschungsstelle gewidmet ist (105)

kau und wurde zunächst auf dem dortigen Rakoviczer Friedhof beigesetzt, 1925 jedoch auf Veranlassung von Freunden nach Mühlau überführt.

Persönlichkeiten: Ludwig v. Ficker (1880-1967, D), Hermann Graf Keyserling (1880-1946, D), Georg Trakl (1887-1914, D).

106 Städtischer Westfriedhof A-6020 Innsbruck

Lage und Erreichbarkeit: Fritz-Pregl-Straße 2; Buslinie C, Straßenbahnlinie 1.

Geschichte und Besonderheiten: Im Westen Innsbrucks entstand – anstelle des mittelalterlichen Stadtfriedhofs, der sich ursprünglich an der Stadtpfarrkirche befunden hatte und 1510 zur Spitalkirche verlegt worden war – im Jahre 1855 der heutige Städtische Friedhof. Aus Platzgründen wurde die Fläche bereits 1889 nach Süden hin erheblich erweitert. Einige wertvolle Grabmäler des Alten Friedhofs wurden übernommen (u. a. das Grabmal von Paris Graf Wolkenstein Trostburg mit der *Marmorgruppe »Saturn hält einem jungen Mädchen die Sanduhr entgegen«* von Johannes Huber aus dem Jahre 1775).
Die älteren Arkaden sind mit Fresken, Tafelbildern und Plastiken Tiroler Maler und Bildhauer der postnazarenischen Stilrichtung geschmückt. Fresken von Franz Platter befinden sich ferner in der Vorhalle der neugotischen Friedhofskapelle, die 1862 bis 1864 erbaut wurde.

Persönlichkeiten: Hermann v. Gilm zu Rosenegg (1812-1864, D), Anton Reck (1871-1906, D).

107 Friedhof in Weidling A-3040 Klosterneuburg-Weidling

Lage und Erreichbarkeit: Buslinie 2 oder zu Fuß von Klosterneuburg an Weinbergen vorbei zu dem etwa drei Kilometer entfernt gelegenen Ortsteil Weidling.

Geschichte und Besonderheiten: Weidling war lange Zeit eine beliebte Sommerfrische für das Wiener Bürgertum, vor allem Pensionisten ließen sich hier gern nieder. Daher findet man auf dem malerischen Friedhof neben der Kirche nicht nur qualitätvolle Grabmäler, sondern auch die Ruhestätten von einigen bedeutenden Persönlichkeiten.

Persönlichkeiten: Joseph Freiherr v. Hammer-Purgstall (1774-1856, D), Nikolaus Lenau (1802-1850, D).

108 Musterfriedhof bei der Sagzahnschmiede A-6233 Kramsach/Tirol

Lage und Erreichbarkeit: Zufahrt von der Straße Kramsach-Münster, rechts beim Kristallwerk Rettl und Cie, direkt neben der Kunstschmiede gelegen; Zugang jederzeit möglich.

Geschichte und Besonderheiten: Eigentlich ist es eher ein Freilichtmuseum als ein Friedhof, denn hier gibt es weder Gräber noch Tote: Vor einigen Jahrzehnten begann der Besitzer einer hiesigen Schmiede alte und ausgediente Grabkreuze zu sammeln, die er in schlechtem Zustand auf Abfallhaufen oder in Scheunen fand. Sie wurden restauriert und in diesem »Musterfriedhof« aufgestellt.
Eine Besonderheit der zum Teil bis zu 300 Jahre alten Grabkreuze sind die Sprüche, die mit eigentümlich trockenem Humor und manchmal auch unfreiwillig komisch über das Leben des Verstorbenen berichten.

Grabsprüche mit schwarzem Humor: Ein Beispiel von dem »Musterfriedhof« an der Sagzahnschmiede in Kramsach /Tirol (108)

Beispiel: »Christ! steh still und bet a bissl Hier liegt der Brauer Jakob Nissl/Zu schwer fast mußt er büßen hier/Er starb an selbstgebrautem Bier«. Der volkskundlich hochinteressante »Musterfriedhof« hat sich in den letzten Jahren zur Touristenattraktion entwickelt.

(Farbige Abbildungen siehe Seite 88)

109 Neuer St.-Barbara-Friedhof A-4020 Linz

Lage und Erreichbarkeit: Friedhofstraße 1, Straßenbahnlinie 3.

Geschichte und Besonderheiten: 1786 kaufte die Stadt das Gelände des sogenannten Rappelhofs zur Anlage eines Friedhofs, da der Barbarafriedhof aufgelassen werden mußte. Das eindrucksvolle *Haupttor*, das von

Pfeilern flankiert wird, die zwei Sandsteinvasen mit vier Totenköpfen tragen, entstand Ende des 18. Jahrhunderts, ebenso wie das Totengräberhaus gleich neben dem Eingang.

Einzelne Grabmäler wurden von dem Alten Friedhof übernommen, wie zum Beispiel das *Auferstehungsrelief* aus weißem Marmor aus der zweiten Hälfte des 17. Jahrhunderts. Es befindet sich in der Gruft Mosshammer in der zweiten Abteilung. Geprägt wird der Friedhof von qualitätvollen Grabmälern aus dem späten 18. und frühen 19. Jahrhundert.

Persönlichkeiten: Enrica Freiin v. Handel-Mazzetti (1871-1955, D), Adalbert Stifter (1805-1868, D).

110 Kommunalfriedhof A-5020 Salzburg

Lage und Erreichbarkeit: Zwischen Gneiser Straße und Berchtesgadener Straße.

Geschichte und Besonderheiten: 1878 nach Plänen von Josef Dauscher außerhalb der damaligen Stadt angelegt, mußte der Friedhof im 20. Jahrhundert mehrfach erweitert werden. Das Gelände wird von einer pilastergegliederten Ziegelmauer eingefaßt. Beiderseits des Haupteingangs und des Portalgebäudes befinden sich Gruftarkaden in Neorenaissanceformen. Am Portal steht das 1882 in Form eines Obelisken errichtete Denkmal für das Regiment Erzherzog Rainer. Die *ehemalige Leichenhalle*, ein neobarocker Bau von 1893/95, dient heute als Verwaltungsgebäude. Die neue *Aussegnungshalle* entstand 1912/13 nach Plänen von Eduard Wiedemann. Bemerkenswert ist ihre Jugendstilverglasung. Die Grabdenkmäler in den *Gruftarkaden* stammen überwiegend aus der Zeit um 1900. Geprägt wird der Friedhof von aufwendigen Grabmälern des Historismus und Jugendstil.

Persönlichkeiten: Hermann Bahr (1863-1934, D), Anna Bahr-Mildenburg (1872-1947, Mu), Paul Graener (1872-1944, K).

111 St. Petersfriedhof
A-5020 Salzburg

Lage und Erreichbarkeit: Nordwestlich vom Dom und Kapitelplatz, direkt neben der Erzabtei St. Peter.

Geschichte und Besonderheiten: Der heutige Barockbau der Stiftskirche St. Peter hatte einen Vorgänger aus dem 12. Jahrhundert. Ebenfalls bereits im Mittelalter entstand der direkt angrenzende St. Petersfriedhof. Es ist die älteste christliche Begräbnisstätte Salzburgs. Seine heutige Gestaltung erhielt der Friedhof durch die Arkadenreihen, die um 1600 (die nordöstliche) und in der Mitte des 17. Jahrhunderts (die südliche) errichtet wurden. Die einzelnen Bögen werden durch z. T. kunstvoll gestaltete schmiedeeiserne Gitter voneinander getrennt.
Im Zentrum des Friedhofs steht die 1485 bis 1491 erbaute gotische *Margarethenkapelle,* deren Wände mit Grabplatten überzogen sind. Nur unweit entfernt liegt die *Kommunigruft* mit der Grabstätte des Komponisten Michael Haydn. Von hier aus sind auch die sogenannten *Katakomben* zugänglich.
Der Petersfriedhof wurde dank seiner reizvollen Lage und Gestaltung zu einem beliebten Motiv der Malerei und Dichtung der Romantik.

Persönlichkeiten: Heinrich Ignaz Franz Biber von Bibern (1644-1704, K,Mu), Paul Hofhaimer (1459-1537, K,Mu), Bernhard Paumgartner (1887-1971, K,Mu), Josef Thorak (1889-1952, B).

St. Sebastiansfriedhof

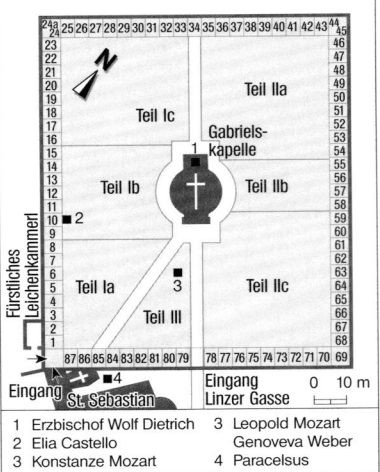

1 Erzbischof Wolf Dietrich   3 Leopold Mozart
2 Elia Castello   Genoveva Weber
3 Konstanze Mozart   4 Paracelsus

112 St. Sebastiansfriedhof
A-5020 Salzburg

Lage und Erreichbarkeit: Unterhalb des Kapuzinerbergs, zwischen Linzer Gasse, Wolf Dietrich-Straße und Paris-Lodron-Straße.

Geschichte und Besonderheiten: An der Linzer Gasse wurde 1749-1753 anstelle einer spätgotischen Kirche die heutige St. Sebastianskirche als prachtvoller Rokokobau errichtet. Bereits seit Anfang des 16. Jahrhunderts bestand hier ein Armenfriedhof, der jedoch in den Jahren 1595 bis 1600 ein völlig neues Gepräge erhielt: Nach dem Vorbild des italienischen Camposanto umschloß der aus Como stammende Architekt Andrea Bertoleto das Areal auf allen Seiten mit Arkaden, in denen prachtvolle Grabmäler Platz fanden. In der Mitte des Friedhofs befindet sich die *Gabrielskapelle* mit dem Mausoleum des Salzburger Fürstbischofs Wolf Dietrich von Raitenau (1559-1617), auf dessen Anregung die Umgestaltung des Friedhofs als quadratische Anlage mit 84 Arkadenbögen zurückgeht. Der St. Seba-

Grabstätte der Familien Mozart und Weber auf dem St. Sebastiansfriedhof in Salzburg; der Gottesacker beherbergt viele künstlerisch wertvolle Grabmäler vom 17. bis zur Mitte des 19. Jahrhunderts (112)

stiansfriedhof, auf dem sich die *Grabstätten der Familien Mozart und Weber* befinden, wurde 1888 aufgelassen.

Bemerkenswert ist der herausragende Bestand an künstlerisch wertvollen Grabmalen vom 17. bis zur Mitte des 19. Jahrhunderts. Eines der interessantesten Grabmäler findet man in einem Durchgang, der von der Kirche zum Friedhof führt: Hier wurde 1541 der Arzt und Naturforscher Paracelsus (eigentlich Theophrast von Hohenheim) beigesetzt.

Persönlichkeiten: Konstanze Mozart geb. v. Weber (1763-1842, W. A. Mozarts Witwe), Leopold Mozart (1719-1787, K, W. A. Mozarts Vater), Paracelsus (1493-1541, Med, N), Genoveva Weber geb. Brenner (1764-1798, Mutter von C. M. Weber).

113 Friedhof St. Gilgen
A-5340 St. Gilgen

Lage und Erreichbarkeit: In der Ortsmitte, gleich neben der Kirche.

Geschichte und Besonderheiten: Der Friedhof wurde bereits im 18. Jahrhundert belegt. Bemerkenswert ist die *Friedhofskapelle,* die 1776 in direktem Anschluß an die Friedhofsmauer erbaut wurde. Die barocke Deckenmalerei stammt aus der Erbauungszeit. In Richtung Osten fällt das Gelände ab, 1922 bis 1927 wurde der Friedhof nach einem Entwurf von Oskar Felgel-Farnholz erweitert. Damals entstanden auch die Portalanlage und die neobarocken Laubengänge mit einbezogenen, erhöhten Gruftkapellen. Zur Straßenseite hin orientiert ist ein Kriegerdenkmal von Heinrich Zita aus dem Jahre 1924.

114 Bestattungsmuseum
A-1040 Wien

Lage und Erreichbarkeit: 4. Bezirk, Goldeggasse 19, in der Nähe des Belvedere-Parks; Linie U 1 bis Südtiroler Platz oder Straßenbahn D bis Schloß Belvedere.

Öffnungszeiten: Das Museum ist montags bis freitags 12 bis 15 Uhr geöffnet. Der stets mit einer Führung verbundene Besuch bedarf jedoch vorheriger telefonischer Anmeldung (Tel.: 50195-227), der Eintritt ist frei.

Geschichte und Besonderheiten: Dieses einzigartige Museum vermittelt anhand von zahlreichen Originalexponaten, Modellen und Dokumenten einen interessanten Überblick über die Geschichte des Bestattungswesens in Wien. Und das geschieht keineswegs todernst, denn der sprichwörtliche Wiener Totenkult ist eine höchst sinnliche Angelegenheit.

Bestattungsmuseum Wien: Sogenannter Fourgon, von 1890, der in Wien zum Transport von Spitalsleichen eingesetzt wurde (114)

Wiederverwendbarer Klappsarg aus der Zeit Kaiser Josephs II.;
die etwas rüde Bestattungsmethode – die Toten stürzten nach
dem Öffnen der Bodenklappen aus dem über dem Grab bau-
melnden Sarg – mußte nach starken Protesten der Wiener 1785
eingestellt werden (114)

Neben Bahrtüchern und den Unifor-
men der Bestattungsbediensteten,
Särgen und Urnen, Todesanzeigen
und Totenscheinen, Prozessionsla-
ternen und dem beweglichen, von einem Trauermarsch akustisch beglei-
teten Modell eines Militär-Trauerzu-
ges, findet man unter den etwa 600
Exponaten auch so eigentümliche
Einrichtungen wie einen Rettungs-
wecker für Scheintote, der es dem
irrtümlich Eingesargten per Glok-
kensignal erlaubte, den Friedhofs-
wärter auf seine mißliche Lage auf-
merksam zu machen.

115 Döblinger Friedhof
A-1190 Wien

Lage und Erreichbarkeit: 19. Bezirk,
Hartäckerstraße 65; Buslinie 40 A.

Geschichte und Besonderheiten: Bemerkenswert an diesem Begräbnisplatz ist vor allem die islamische Abteilung, die an ein besonderes Kapitel der k. u. k.-Geschichte erinnert:
Sie wurde für jene bosnischen Regi-
menter eingerichtet, die als Teil des
österreichischen Heeres in Wien sta-
tioniert waren. Es wurden jedoch
auch zahlreiche Persönlichkeiten
des Wiener Kulturlebens beigesetzt,
einige von ihnen in Ehrengräbern.
Weiterhin befindet sich auf diesem
Friedhof auch eine eigene israeliti-
sche Abteilung mit teilweise aufwendigen Grabmälern. Der Friedhof wurde Anfang dieses Jahrhunderts zum Park umgestaltet und trägt
heute den Namen »Strauß-Lanner-
Park«.

Persönlichkeiten: Moritz Benedikt
(1849-1920, Jou), Anton Bettelheim
(1851-1930, Ph,H), Maria Cebotari
(1910-1949, Mu), Friedrich Jodl
(1849-1914, Ph), Joseph Kainz
(1858-1910, S), Robert v. Lieben
(1878-1913, N), Oswald Redlich
(1858-1944, H), Ferdinand v. Saar,
(1833-1906, D), Ferdinand Schmut-
zer (1870-1928, Ma).

116 Ehemaliger Währinger Allgemeiner Friedhof A-1180 Wien

Lage und Erreichbarkeit: 18. Bezirk, Währing, Buslinie 35 A.

Geschichte und Besonderheiten: Der 1783 gegründete Friedhof wurde bereits 1874 wieder geschlossen und 1923 in eine Parkanlage umgestaltet. Zunächst bezeichnete man sie als »Robert-Blum-Park«, später wurde sie »Währinger Park« genannt. Einige bedeutende Persönlichkeiten wurden hier beigesetzt.

Persönlichkeiten: Robert Blum (1807-1848, P, in einem nicht identifizierbaren Massengrab), Friedrich v. Gentz (1764-1832, Jou,P), Georg Hellmesberger (1800-1873, M), Emanuel Schikaneder (1751-1812, D, schrieb das Libretto zu Mozarts »Zauberflöte«).

117 Friedhof der Namenlosen A-1110 Wien

Lage und Erreichbarkeit: 11. Bezirk, Alberner Hafenzufahrtstraße.

Geschichte und Besonderheiten: Albern, ein kleiner Ort, der sich an jener am Wiener Stadtrand gelegenen Stelle befindet, wo die Schwechat in die Donau mündet, ist in der Vergangenheit häufig von Hochwasser bedroht worden. Im Jahre 1854 wurde in Albern noch außerhalb der schützenden Dämme ein Friedhof gegründet. Erst 1899 verlegte man ihn hinter das Dammsystem, damals entstand auch die kleine *Kapelle.*
Unter den zahlreichen Wiener Begräbnisplätzen ist er einzigartig, denn hier wurden die namenlosen Opfer beigesetzt, die in der Donau ertrunken waren. Von der Faszination, die dieser Friedhof ausübt, zeugt die Tatsache, daß immer wieder Besucher mit Blumen hierherkommen, obwohl der Friedhof bereits seit 1940 nicht mehr belegt wird.

118 Friedhof Dornbach A-1170 Wien

Lage und Erreichbarkeit: 17. Bezirk, Alszeile 28; Buslinie 10 B, Straßenbahnlinien 10, 44.

Geschichte und Besonderheiten: Dieser Friedhof, der sich dem Hernalser Friedhof westlich anschließt, wurde 1883 angelegt. Mit charakteristischen Beispielen vertreten ist hier die Grabmalkunst des späten 19. Jahrhunderts sowie der Jahrhundertwende.

Persönlichkeiten: Christoph Demel (Hofzuckerbäcker), Josef Matthias Hauer (1883-1959, K).

119 Grinzinger Friedhof A-1119 Wien

Lage und Erreichbarkeit: 19. Bezirk, Mannagettagasse; Straßenbahnlinie 38.

Geschichte und Besonderheiten: Dieser im 19. Jahrhundert angelegte Friedhof ist nicht nur aufgrund einiger aufwendiger und künstlerisch wertvoller Grabmäler sehenswert. Hier befinden sich auch die Gräber von berühmten Künstlern und Persönlichkeiten aus der Kulturszene.

Persönlichkeiten: Thomas Bernhard (1931-1989, D), Heimito v. Doderer (1896-1966, D), Johann Heinrich Freiherr v. Ferstel (1828-1883, A), Gustav Mahler (1860-1911, K), Alma Mahler-Werfel (1879-1964, Ehefrau des Komponisten).

120 Hernalser Friedhof A-1170 Wien

Lage und Erreichbarkeit: 17. Bezirk, Leopold-Kunschak-Platz 7; S-Bahnlinie 45 bis Hernals.

Geschichte und Besonderheiten: Hier handelt es sich um eine Neugründung aus dem späten 19. Jahrhundert. Vom pathetischen Geschmack dieser Zeit zeugen zahlreiche Grabmäler sowie die *neugotische Friedhofskapelle.*

Persönlichkeiten: Ferdinand Hebra (1816-1880, Med, Begründer der Dermatologie), Karl Freiherr v. Rokitansky (1804-1878, Med, Begründer der pathologischen Anatomie), Johann Schrammel (1850-1893, Mu, Begründer der »Schrammel-Musik«), Joseph Skoda (1805-1881, Med).

121 Hietzinger Friedhof A-1130 Wien

Lage und Erreichbarkeit: 13. Bezirk, Maxingstraße 15; Bus 56 B von der Kennedybrücke oder U-Bahnlinie 4 bis Hietzing.

Geschichte und Besonderheiten: Der 1887 eröffnete Hietzinger Friedhof gehört zu den interessantesten Begräbnisstätten der österreichischen Metropole. Da sich hier von Anfang an zahlreiche Prominente bestatten ließen, wurde er in Wien als »Nobelfriedhof« bezeichnet. Bemerkenswert sind einige erhaltene Grabmäler und prachtvolle Mausoleen, die überwiegend im späten 19. Jahrhundert entstanden.

Persönlichkeiten: Karl Auer v. Welsbach (1858-1929, N), Max Wladimir Freiherr v. Beck (1854-1943, P), Al-

Aufgrund der vielen Prominenten, die auf dem Hietzinger Friedhof bestattet wurden, wird er in Wien auch als »Nobelfriedhof« bezeichnet; vielleicht der bedeutendste der berühmten Verstorbenen: Gustav Klimt (121)

Wer in Wien umherstreift, wird überall auf die Spuren des Architekten Otto Wagner stoßen; allein mit den U-Bahn-Stationen hat er sich ein Denkmal für die halbe Ewigkeit gesetzt; auch sein Grab findet man in Hietzing (121)

ban Berg (1885-1935, K), Engelbert Dollfuß (1892-1934, P), Fanny Elßler (1810-1884, Tänzerin), Bruno Granichstaedten (1879-1944, K), Franz Grillparzer (1791-1872, D), Joseph Hellmesberger (1855-1907, Mu,K), Franz Graf Conrad v. Hötzendorf (1852-1925, Mi), Gustav Klimt (1862-1918, Ma), Otto Wagner (1841-1918, A), Paul Zsolnay (1895-1961, V).

(Farbige Abbildungen siehe Seite 82)

122 Hütteldorfer Friedhof A-1140 Wien

Lage und Erreichbarkeit: 14. Bezirk, Samptwandnergasse 6; Buslinien 223, 49 B.

Geschichte und Besonderheiten: Dieser Friedhof mit seinen zum Teil noch klassizistischen Grabstätten wurde 1811 gegründet. Hier fanden einige prominente Persönlichkeiten aus dem öffentlichen Leben Wiens ihre letzte Ruhestätte.

Persönlichkeiten: Anton Haus (1851-1917, Mi), Peter Johann Nepomuk Geiger (1805-1880, Ma), Elisabeth Petznek (1883-1963, geborene Erzherzogin von Österreich, Tochter des Kronprinzen Rudolf).

123 Israelitischer Friedhof in der Roßau A-1090 Wien

Lage und Erreichbarkeit: 9. Bezirk, Seegasse 11; Straßenbahnlinie D, U-Bahnlinie 4 bis Roßauer Lände; der Friedhof ist verschlossen, den Schlüssel erhält man beim Portier des Städtischen Altersheims am Friedhofseingang.

Geschichte und Besonderheiten: Der älteste jüdische Friedhof Wiens lag vor dem Kärntner Tor und wurde im 15. Jahrhundert zerstört. Zu Beginn des 16. Jahrhunderts entstand dann die hiesige Anlage, die zu den ältesten jüdischen Friedhöfen Europas zählt. Der früheste identifizierte Grabstein stammt aus dem Jahre 1582.

Wie andere Vorstadtfriedhöfe wurde 1783 auch dieser Friedhof auf Anordnung von Kaiser Joseph II. geschlossen. Nur ein Jahr später zerstörte ein Donau-Hochwasser zahlreiche Grabsteine. Während der NS-Zeit wurden die Grabsteine entfernt und auf dem Zentralfriedhof vergraben, wo sie erhalten blieben. Einige davon brachte man nach 1945 zurück und stellte sie an ursprünglicher Stelle wieder auf.

124 Matzleinsdorfer Friedhof (Evangelischer Friedhof) A-1100 Wien

Lage und Erreichbarkeit: 10. Bezirk, Triester Straße 1; Schnellbahnlinie 3 bis Matzleinsdorfer Platz, Straßenbahnlinien 6, 18, 62, 65.

Geschichte und Besonderheiten: Auf dem Zentralfriedhof gibt es eine evangelische Abteilung, darüber hinaus befindet sich hier Wiens einziger evangelischer Friedhof. Bemerkenswert ist die 1858-60 nach Plänen des dänischen Architekten Theophil Hansen erbaute *Christuskirche*, die nicht nur als Friedhofskirche, sondern auch für evangelische Gemeindegottesdienste genutzt wurde.

Persönlichkeiten: Friedrich Ferdinand Graf v. Beust (1809-1886, P), Christian Friedrich Hebbel (1813-1863, D), Heinrich Laube (1806-1884, D), Adele Sandrock (1864-1937, S), Moritz Gottlieb Saphir (1795-1858, Jou, D, sein Grab wurde in der NS-Zeit zerstört), Otto Weininger (1880-1903, Ph).

125 Ehemaliger Katholischer Friedhof Matzleinsdorf A-1100 Wien

Lage und Erreichbarkeit: 10. Bezirk, zwischen Landgutgasse und Gudrunstraße; Schnellbahnlinie 3 bis Matzleinsdorfer Platz.

Geschichte und Besonderheiten: Nur knapp hundert Jahre, von 1785 bis 1879, bestand dieser Friedhof, dann wurde er aus Platzgründen nicht mehr belegt. Im Jahre 1924 wandelte man die Begräbnisstätte in eine Parkanlage um. Ursprünglich befand sich hier das Grab des Komponisten Christoph Willibald Gluck, das jedoch 1890 auf den Zentralfriedhof verlegt wurde. Der Friedhof wird heute als »Waldmüller-Park« bezeichnet.

Persönlichkeiten: Ferdinand Georg Waldmüller (1793-1865, Ma).

126 Ober-Sankt-Veiter Friedhof A-1130 Wien

Lage und Erreichbarkeit: 13. Bezirk, Gemeindeberggasse 26; Buslinie 55 B.

Geschichte und Besonderheiten: Diese Begräbnisstätte wurde 1876 eingeweiht. Ihre gärtnerische Gestaltung verleiht ihr den Charakter eines Parkfriedhofs. Zu den sehenswertesten Grabmälern gehört die von dem Architekten Otto Hieser geschaffene *Gruft der begüterten Wiener Familie Flesch.*

Persönlichkeiten: Egon Schiele (1890-1918, Ma), Rudolf Karl Freiherr v. Slatin (1857-1932, Mi).

Eingangsportal vom Friedhof in St. Marx, auf dem auch Mozart in einem unbekannten Massengrab beigesetzt wurde (127) ▷

127 St. Marxer Friedhof A-1030 Wien

Lage und Erreichbarkeit: 3. Bezirk, Leberstraße 6-8, Straßenbahnlinie 71 bis Landstrasser Hauptstraße/ Rennweg.

Geschichte und Besonderheiten: Der Friedhof wurde 1784 auf Geheiß von Kaiser Joseph II. außerhalb der damaligen Stadt angelegt und bis 1874 belegt. Er ist der einzige bis heute in seiner ursprünglichen Form erhaltene Wiener Friedhof aus der Biedermeierzeit. Wolfgang Amadeus Mozart wurde hier in einem nicht gekennzeichneten Grab beigesetzt. Erst 1859 ehrte man den Komponisten hier mit einem Kenotaph in Gestalt eines trauernden Genius. Das Denkmal wurde jedoch 1891 auf den Zentralfriedhof versetzt.
Heute erinnert hier nur noch ein Denkmal an Mozart, das von keinem namhaften Bildhauer stammt.

Persönlichkeiten: Johann Georg Albrechtsberger (1736-1809, Mu, K), Anton Diabelli (1781-1858, K,V), Georg Raphael Donner (1693-1741, B, Grabstätte nicht mehr auffindbar), Joseph Madersperger (1768-1850, Erf), Wolfgang Amadeus Mozart (1756-1791, K).

(Farbige Abbildungen siehe Seite 83)

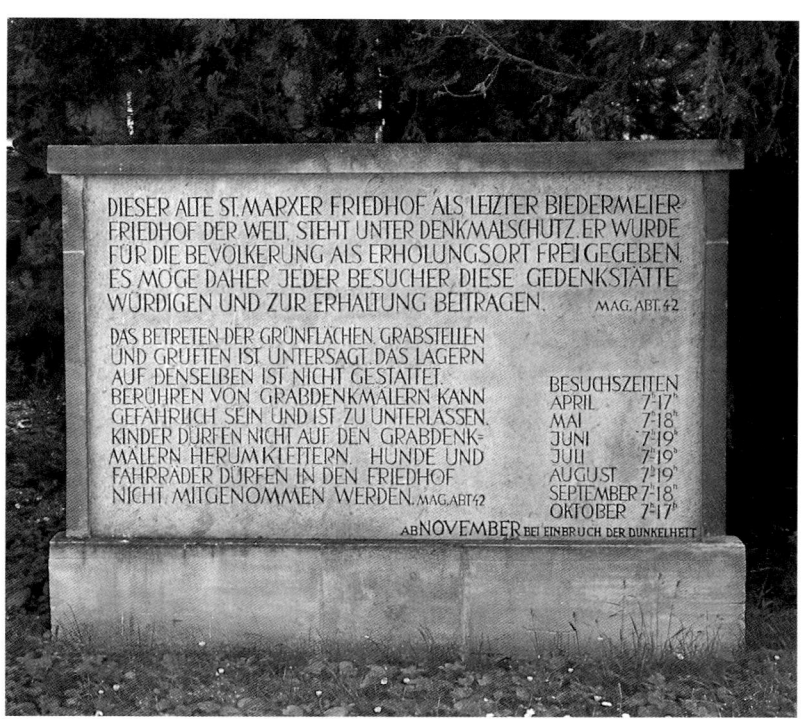

Gleich am Eingang informiert dieser Stein darüber, daß der St. Marxer Friedhof als weltweit letzter Begräbnisplatz der Biedermeier-Zeit unter Denkmalschutz steht; um so unverständlicher, daß die Stadtplaner eine Stadtautobahn direkt am Friedhof vorbeiführen mußten; mit der Ruhe ist es jedenfalls vorbei (127)

128 Zentralfriedhof A-1110 Wien

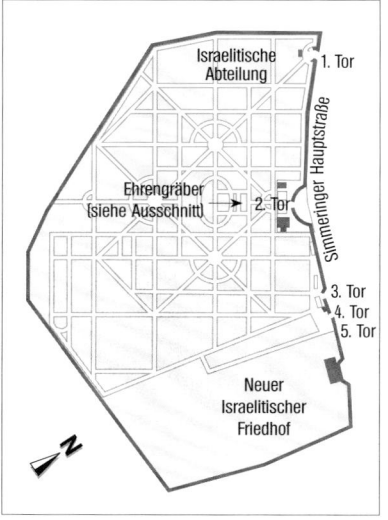

Zentralfriedhof

Lage und Erreichbarkeit: 11. Bezirk, Simmeringer Hauptstraße 234; Straßenbahnlinien 71 und 72.

Geschichte und Besonderheiten: Wie in anderen europäischen Metropolen führte das Anwachsen der Bevölkerung in der zweiten Hälfte des 19. Jahrhunderts auch in Wien zu Problemen im Bestattungswesen. Längst reichten die fünf kommunaleigenen Friedhöfe nicht mehr aus, die an die Stelle der mittelalterlichen, innerhalb der Stadtmauern gelegenen Begräbnisstätten getreten waren. Dauerhaft Abhilfe sollte ein großer Kommunalfriedhof schaffen, der sich zwar in relativer Stadtnähe befinden sollte, doch andererseits über ausreichend Flächenreserven verfügen mußte. Nachdem zahlreiche Standorte in Betracht gezogen worden waren, entschied sich die Stadt 1869 für den Ankauf eines weiträumigen Geländes am südlichen Stadtrand an der Simmeringer Hauptstraße. Die Planung lag in den Händen der beiden Architekten und Gartengestalter Karl Jonas Mylis und Alfred Friedrich Bluntschli aus Frankfurt/Main.

Zu Allerheiligen 1874 fand die Einweihung mit 13 Beerdigungen statt. Während zwölf der Verstorbenen in einem Gemeinschaftsgrab beigesetzt wurden, erhielt der begüterte Wiener Bürger Jakob Zelzer ein stil- und würdevolles Begräbnis, was in Wien als »a schöne Leich« bezeichnet wird, in einem Einzelgrab, das bis heute erhalten blieb. Es hatte die Nummer 1 in der Gruppe an der Friedhofsmauer.

Geprägt wird der Charakter des Friedhofs, der eine Fläche von etwa zweieinhalb Quadratkilometern einnimmt, zunächst durch eine Reihe monumentaler Bauten. Zu nennen

Dominanter Mittelpunkt auf dem Zentralfriedhof ist die Dr.-Karl-Lueger-Gedächtniskirche, die als eines der bedeutendsten Bauwerke des Wiener Jugendstils gilt (128)

Im Grab Nr. 52 der Abteilung 32 C der Ehrengräber wurde der beliebte Schauspieler Hörbiger bestattet (128)

wären das *Hauptportal,* die *Warte-* und die *Leichenhalle,* die der Architekt Max Hegele schuf. An den *Pylonen des Haupteingangs* befinden sich zwei figürliche Reliefs: links »Christus empfängt die Verstorbenen« von Georg Leisek und rechts »Menschen vor dem Tor der Stadt ohne Wiederkehr« von Anselm Zinsler.

Das markanteste Bauwerk ist jedoch die in den Jahren 1907 bis 1910 errichtete *Begräbniskirche,* die auch als Dr.-Karl-Lueger-Gedächtniskirche bezeichnet wird. Sie ist dem Wiener Bürgermeister Karl Lueger gewidmet, der den Grundstein legte und auch im Untergeschoß der Kirche begraben wurde. Bei dieser, ebenfalls von Max Hegele entworfenen Kirche handelt es sich zweifellos um einen der bedeutendsten Bauten des Wiener Jugendstils. Die mit Reliefs geschmückte Vorhalle ist über drei Freitreppen zu erreichen. Von da aus gelangt man in den Hauptraum, der etwa 1600 Besuchern Platz bietet. Der Raum hat einen reichen

Dieser kleine Platz innerhalb der Abteilung 32 A nimmt noch einmal eine Sonderstellung ein; hier finden sich die Gräber von Ludwig van Beethoven (links) und Franz Schubert (rechts), die das Mozart-Denkmal, das ursprünglich auf dem St. Marxer Friedhof errichtet wurde, einrahmen (128)

künstlerischen Schmuck, im monumentalen Kuppelgewölbe sind die Elemente Feuer, Wasser, Erde und Luft allegorisch dargestellt. In den Kreuzarmen unter der Orgelempore finden sich Glasgemäldefenster von Kolo Moser, über dem Hochaltar »Das Jüngste Gericht« von Hans Zatzka. In einem Umgang zwischen den Kreuzschiffen erinnern Epitaphe u. a. an die beliebte Kaiserin Elisabeth. (Die Kirche wird z. Z. gründlich renoviert; Stand: Sommer 1996). Vor der Kirche befindet sich die Präsidentengruft.

Für Besucher besonders anziehend sind die *mehr als 200 Ehrengräber*, in denen nicht nur Wiener Lokalgrößen, sondern weltberühmte Persönlichkeiten aus Kunst und Wissenschaft beigesetzt wurden. In einigen Fällen wurden die Gebeine von berühmten Verstorbenen von anderen Friedhöfen auf den Zentralfriedhof überführt (z. B. Beethoven, Gluck, Schubert). Die meisten dieser Ehrengräber befinden sich an der Mauer links vom Haupttor (Tor II)

und beiderseits des Hauptweges, der von diesem Tor direkt zur Dr.-Karl-Lueger-Kirche führt. Dabei handelt es sich um die Abteilungen 14 A, 32 A und 32 C.

Im Zentralfriedhof besteht (beim Tor I) eine *jüdische Abteilung*, die jedoch seit der Eröffnung eines eigenen jüdischen Friedhofs nicht mehr belegt wird; dieser schließt sich dem Zentralfriedhof in Richtung Schwechat an (Tor V).

Direkt gegenüber dem Tor II befindet sich auf der östlichen Seite der Simmeringer Hauptstraße das von dem Architekten Clemens Holzmeister 1923 erbaute *Krematorium*. Es wird umgeben von einem Urnenhain mit mehr als 50000 Urnen.

Persönlichkeiten: Nachfolgend sind prominente Persönlichkeiten genannt, die in den Ehrengräbern der Abteilungen 14 A, 32 A und 32 C beigesetzt wurden. Die Ordnungsnummern sind im Plan verzeichnet.

Zentralfriedhof
Lageplan der Ehrengräber

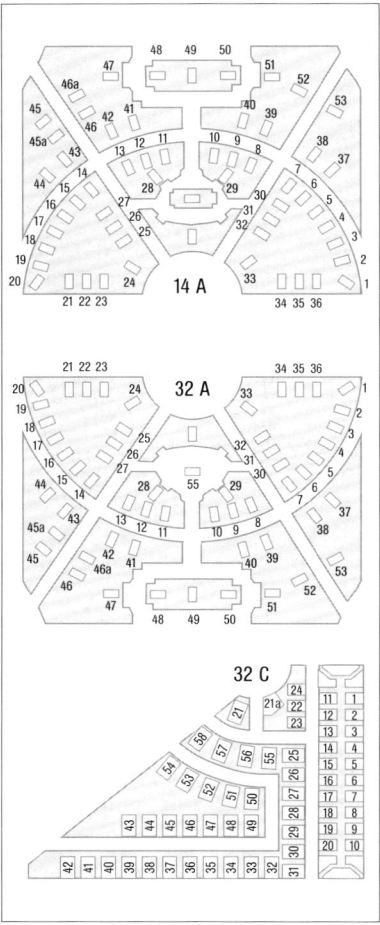

Gruppe 14 A:
1. Ludwig Anzengruber (1839-1889, D), 4. Josef Petzval (1807-1891, N,Erf), 7. Theodor Billroth (1829-1894, Med), 18. Anton Fernkorn (1813-1878, B), 20. Theophil Hansen (1813-1891, A), 32. Hans Makart (1840-1884, Ma), 54. Friedrich v. Schmidt (1825-1891, A).

Gruppe 32 A:
1. Eduard Bauernfeld (1802-1890, D), 5. Eduard van der Nüll (1812-1868, A), 6. Johann Nepomuk Nestroy (1801-1862, D), 10. Hugo Wolf (1860-1903, K), 15. Johann Strauß/Vater (1804-1849, K), 26. Johannes Brahms (1833-1897, K), 27. Johann Strauß/Sohn (1825-1899, K), 28. Franz Schubert (1797-1828, K), 29. Ludwig van Beethoven (1770-1827, K), 31. Franz v. Suppé (1819-1895, K), 35. Karl Millöcker (1842-1899, K), 38. August Eisenmenger (1830-1907, Ma), 39. Kaspar v. Zumbusch (1830-1915, B), 46a. Edmund Eysler (1874-1949, K), 49. Christoph Willibald Gluck (1714-1787, K), 55. Mozart-Denkmal (ursprünglich St. Marxer Friedhof).

Gruppe 32 C:
1. Carl Michael Ziehrer (1843-1922, Mu,K), 21a. Arnold Schönberg (1874-1951, K), 24. Robert Stolz (1880-1975, K), 25. Franz Karl Ginzkey (1871-1963, D), 27. Hans Moser (1889-1967, S), 32. Fritz Wotruba (1907-1975, Ma,B), 39. Franz Werfel (1890-1945, D), 46. Theo Lingen (1903-1978, S), 52. Paul Hörbiger (1894-1981, S), 54. Curd Jürgens (1915-1982, S).

(Weitere Abbildungen siehe Seite 84, 85, 145 und 148)

*Zwei Impressionen von der jüdischen Abteilung am Tor I auf
dem Zentralfriedhof, die nicht mehr belegt wird; hier hat die
Natur schon viel von ihrem Lebensraum zurückgewonnen* (128)

SCHWEIZ

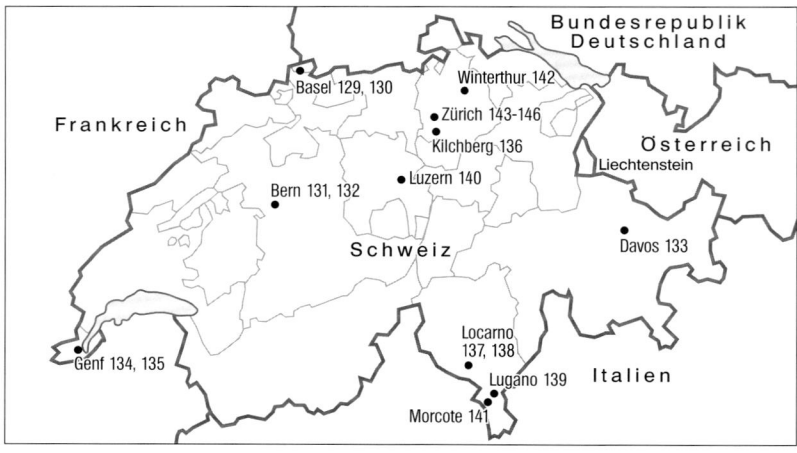

Basel 129, 130
Winterthur 142
Zürich 143-146
Kilchberg 136
Luzern 140
Bern 131, 132
Davos 133
Locarno 137, 138
Lugano 139
Genf 134, 135
Morcote 141

Frankreich

Bundesrepublik Deutschland

Österreich

Liechtenstein

Schweiz

Italien

129 Gottesacker am Hörnli CH-4000 Basel

Lage und Erreichbarkeit: Hörnli-Allee, Buslinie 31.

Geschichte und Besonderheiten: 1922 wurde ein Ideenwettbewerb für die Gestaltung des neuen Zentralfriedhofs ausgeschrieben. Zur Ausführung kamen 1926-32 die Entwürfe von Franz Bräuning, Hans Leu sowie der Firma Suter und Burckhardt und des Zürcher Gartenarchitekten Ernst Klingelfuss. In der Begründung der Jury heißt es:»Für die Ausführung kam nur ein Projekt in Frage, das nach architektonischen Gesichtspunkten das Gelände aufteilt.« Um der Anlage einen naturnahen Charakter zu verleihen, wurde zudem die optische Verbindung der Friedhofsbepflanzung mit dem angrenzenden Waldgebiet angestrebt. Die neoklassizistischen *Friedhofsbauten* wurden zu einer symmetrischen Anlage mit Arkaden und Kolonnaden gruppiert. Im Krematorium befindet sich ein *Kreuzigungsgemälde*, das Alfred Heinrich Pellegrini ursprünglich für die Kirche der Landesausstellung 1914 in Bern gemalt hatte. Obwohl dieser Friedhof keine lange Geschichte hat, gehört er zu den bekanntesten Begräbnisstätten der Schweiz. Zahlreiche bedeutende Persönlichkeiten wurden hier beigesetzt. Auf der terrassenförmigen Anlage, die sich über eine Fläche von annähernd 50 Hektar erstreckt, befinden sich heute etwa 56000 Gräber.

Persönlichkeiten: Karl Barth (1886-1968, Th), Jakob Burckhardt (1818-1897, Ph, H), Fritz Haber (1868-1934, N), Ernst Emil Herzfeld (1879-1948, Ar), Karl Jaspers (1883-1969, Ph), Paul Müller-Rueggsegger (1899-1965, N), Walter Muschg (1898-1965, H), Emanuel Stickelberger (1884-1962, D).

*Blick auf die neoklassizistischen Friedhofsbauten mit ausge-
prägten Arkaden und Kolonnaden auf dem Gottesacker am
Hörnli in Basel (129)*

130   **Wolfsgottesacker**
CH-4000 Basel

Lage und Erreichbarkeit: München-
steinerstraße 99, Straßenbahnlinien
10, 11.

Geschichte und Besonderheiten: Die-
ser kulturhistorisch bedeutende
Friedhof wurde 1872 von Amadeus
Merian in Form eines kurfürstlichen
Parks angelegt. Hier befinden sich
die Grabstätten namhafter Baseler
Familien. Vom 1951 aufgelassenen
Kannenfeldfriedhof wurden einige
Gräber (u. a. von Christian Friedrich
Schönbei [1799-1868] und Johann Ja-
kob Bachofen) hierher verlegt.
Die *Eingangsgebäude* und das drei-
gliedrige Tor stammen von Johann
Jakob à Wengen. Einige der quali-
tätvollsten Grabmäler schuf der
Bildhauer Melchior Berri. Der
Kunstführer Kanton Basel-Stadt ur-
teilt:»Blütenlese eines halben Jahr-
hunderts baslerischer Grabmal-
kunst.«

Persönlichkeiten: Johann Jakob
Bachofen (1815-1887, H), Heinrich
Wölfflin (1864-1945, H).

*Gräberreihe vor Gewitterhimmel am
Wolfsgottesacker in Basel, der für
seine vielen qualitätvollen Grabdenkmäler gerühmt wird (130)*

Im Bild das Eingangsgebäude mit dem dreigliedrigen Tor vom Wolfsgottesacker in Basel; es wurde errichtet von Jakob à Wengen (130)

131 Bremgartenfriedhof CH-3000 Bern

Lage und Erreichbarkeit: Murtenstraße, Monbijou; Buslinie 11.

Geschichte und Besonderheiten: Nach der Auflassung des alten Monbijou-Friedhofs wurde der Bremgartengottesacker 1865 eröffnet, Ende des 19. Jahrhunderts jedoch noch einmal erheblich erweitert. Über das damals errichtete Krematorium heißt es in einer zeitgenössischen Quelle: »Es ist im ägyptischen Stil erbaut und wirkt recht vorteilhaft durch seine vornehme Ruhe«. Die ehemalige Abdankungshalle wird heute als Kolumbarium genutzt. Die Eingangssituation erfuhr 1942-43 eine Neugestaltung.
Bemerkenswert sind zahlreiche aufwendig gestaltete Grabmäler, u. a. das *Grab des Bundesrats Adolf Deucher (1831-1912).* Der Baseler Bildhauer Hans Ed. Lindner schuf hier eine Komposition mit national-symbolischem Charakter aus Gotthard-Granit mit 22 Flammenzeichen und einem Blumen-Schweizkreuz.

Persönlichkeiten: Michail Bakunin (1814-1876, russ. Anarchist und Revolutionär), Eugen Huber (1849-1923, J), Theodor Kocher (1841-1917, Med), Giuseppe Motta (1871-1940, P).

132 Schlosshaldenfriedhof CH-3000 Bern

Lage und Erreichbarkeit: Ostermundigenstraße 116-118, Buslinie 15.

Geschichte und Besonderheiten: Der historische Rosengarter Friedhof wurde 1875 als Kirchhof der Unteren Stadt angelegt, jedoch schon ein reichliches Jahrhundert später wieder aufgelassen. Als Ersatz entstand 1877 der Schloßhaldenfriedhof. Es ist eine typische Neugründung des späten 19. Jahrhunderts mit einer ganzen Reihe künstlerisch bemerkenswerter Grabmäler.

Persönlichkeiten: Paul Klee (1879-1940, Ma), Rudolf von Tavel (1866-1934, D).

133 Waldfriedhof Wildboden CH-7260 Davos

Lage und Erreichbarkeit: Im Ortsteil Frauenkirch.

Geschichte und Besonderheiten: Mit diesem Friedhof hat der Schweizer Gartenarchitekt Rudolf Gaberel seine gestalterischen Intentionen am überzeugendsten verwirklicht. Bei der Anlage, die in den 20er Jahren entstand, handelt es sich um einen großzügigen Begräbnisplatz mit naturnahem Charakter. Das Areal, zu dem auch ein israelitischer Friedhof mit Kapelle gehört, erstreckt sich mit ovaler Grundform auf einem Moränenplateau. Zahlreiche Grabmäler stammen von dem Bildhauer Wilhelm Schmerzmann.

In einer zeitgenössischen Beschreibung des Friedhofs heißt es:»Die Einfriedungsmauer ist aus dem gelbrötlichen Stein jenes benachbarten Bruches trocken geschichtet und mit Rasenziegeln abgedeckt. Der Rhythmus der Umfriedung ist von großem Reiz, da sich die Mauer dem Gelände anpaßt und die Hebungen und Senkungen in vereinfachter Lineatur nachzeichnet. Dieses Prinzip, die Anleitung der Natur aufzunehmen, wurde auch bei der Führung der Wege in jenem Teil der Anlage befolgt, die parkartig zur freien Wahl der Gräber freigegeben ist. Sie ist der Muskulatur des Terrains angepaßt und nur im Gebiet der geometrisch angelegten Reihengräber, deren architektonisches Zentrum der unbewegte Spiegel eines Bassins bildet, wurden Terrassierungen vorgenommen. An dem Baumbestand rührte man natürlich nicht.«

Der Friedhof, auf dem auch Rudolf Gaberel beigesetzt wurde, ist ein Anziehungspunkt für Kunstinteressierte, da sich hier u. a. die Gräber von Ernst Ludwig Kirchner sowie seiner Ehefrau Erna befinden.

Persönlichkeiten: Ernst Ludwig Kirchner (1880-1938, Ma).

134 Ancien Cimetière de Pleinpalais CH-1200 Genf

Lage und Erreichbarkeit: Rue des Rois, etwa 250 Meter langer Fußweg vom Place du Cirque in nordwestlicher Richtung.

Geschichte und Besonderheiten: Die zu den ältesten Schweizer Friedhöfen gehörende Anlage wurde schon 1482 erstmals erwähnt. Über die Jahrhunderte blieben auf dem annähernd rechteckigen Terrain zahlreiche bedeutende und eindrucksvolle Grabmäler erhalten. Viele Persönlichkeiten aus dem Genfer öffentlichen Leben wurden hier beigesetzt. Ein schlichter Stein, der mit den Initialen J. C. versehen ist, markiert die Stelle, an der das Grab des Reformators Calvin vermutet wird.

Persönlichkeiten: Ernest Ansermet (1883-1969, Mu), Otto Barblan (1860-1943, K), Johann Calvin (1509-1564, Th), Emile Jaques-Dalcroze (1865-1950), Rudolphe Kreutzer (1766-1831, Mu, Grab wurde eingeebnet).

135 Cimetière St. Georges CH-1200 Genf

Lage und Erreichbarkeit: Petit Lancy.

Geschichte und Besonderheiten: Der schön gelegene Friedhof wurde 1883 eingeweiht. Ursprünglich hatten die Gemeinden von Pleinpalais und Eaux-Vives das Terrain 1879 erworben, es aber 1880 an die Genfer Stadtverwaltung abgetreten – unter der Zusicherung, daß ihre Toten fortan hier beerdigt werden könnten. Der Friedhof beherbergt zahlreiche bemerkenswerte Grabmäler aus dem späten 19. und frühen 20. Jahrhundert.

Persönlichkeiten: Ferdinand Hodler (1858-1918, Ma).

136 Friedhof von Kilchberg
CH-8802 Kilchberg

Lage und Erreichbarkeit: Der Friedhof erstreckt sich rings um die Kirche des unweit von Zürich gelegenen Ortes und ist leicht zu finden.

Geschichte und Besonderheiten: Der idyllische Dorffriedhof, auf dem auch der Dichter Conrad Ferdinand Meyer beigesetzt wurde, wird vor allem von Literaturinteressierten besucht, weil sich hier die letzte Ruhestätte von Thomas Mann befindet. Nach ihrer Rückkehr aus Amerika hatte die Familie Mann Anfang 1954 an der Alten Landstraße 39 in Kilchberg ein neues Domizil gefunden. Ein reichliches Jahr später, am 12. August 1955 starb der Schriftsteller im Zürcher Kantonsspital. Am 16. August wurde er auf dem Kilchberger Friedhof beigesetzt. Auf dem schlichten Grabstein sind nur die Namen des Schriftstellers und seiner Frau Katja sowie – in römischen Ziffern – die Geburts- und Sterbejahre verzeichnet.

Persönlichkeiten: Friedrich Wilhelm Foerster (1869-1966, Ph,Pä), Ludwig Klages (1872-1956, Ph), Golo Mann (1909-1994, H), Thomas Mann (1875-1955, D), Conrad Ferdinand Meyer (1825-1898, D).

(Farbige Abbildung siehe Seite 87)

137 Cimitero di Locarno
CH-6600 Locarno

Lage und Erreichbarkeit: Via Valle Maggia, Buslinie 10.

Geschichte und Besonderheiten: Bereits 1584 wurde hier ein Friedhof notwendig, um die Opfer einer Pestseuche bestatten zu können. 1835 erfolgte die Übergabe der Begräbnisstätte an die Gemeinde Locarno, damals wurde die Anlage auch erweitert. Ab 1861 bemühte sich die Stadtgemeinde, das drängende Platzproblem durch Erweiterung oder Anlage eines neuen Friedhofs zu lösen; zu dieser Zeit wurde auch erwogen, die Kirche S. Maria di Selva abzureißen. Seit 1882 kommt es dann in mehreren Etappen zu einer erheblichen Erweiterung des Terrains sowie zum Bau mehrerer Kapellen.
Die Anlage und die Qualität der oft prunkvollen Grabmäler machen einen Besuch dieses Friedhofs lohnend, auf dem zahlreiche Künstler und Angehörige von Adelsfamilien beigesetzt wurden.

Persönlichkeiten: Hans Arp (1887-1966, Ma,D).

Die Aufnahme vermittelt einen Eindruck von der reizvollen Lage des Cimitero di Locarno (137)

*Ein weiterer Friedhof im Tessin, der einen Besuch lohnt, ist
der Cimitero de Comunale in Lugano; bemerkenswert ist
vor allem die reich ausgestattete Kapelle mit Säulengang* (139)

138 Cimitero di Minusio
CH-6600 Locarno

Lage und Erreichbarkeit: Via San Quirico, Buslinie 13.

Geschichte und Besonderheiten: Der in Minusio gelegene Friedhof wurde 1835 bis 1837 angelegt. Geprägt wird diese eindrucksvolle Anlage von zahlreichen künstlerisch bemerkenswerten Grabmälern aus dem späten 19. Jahrhundert. Hervorzuheben ist vor allem die neoklassizistische Grabkapelle der Familie Rinaldo Simen.

Persönlichkeiten: Stefan George (1868-1933, D).

139 Cimitero de Comunale
CH-6900 Lugano

Lage und Erreichbarkeit: Piazzale Pelli, Buslinie 3.

Geschichte und Besonderheiten: An der Stelle des alten Kirchplatzes von S. Lorenzo wurde dieser Friedhof Anfang der 30er Jahre des 19. Jahrhunderts nach Plänen von Paolo Viglezio angelegt. Die Einweihung fand 1835 statt, doch schon 20 Jahre später mußte der Friedhof erweitert werden.
Bemerkenswert ist die 1832 erbaute und reich ausgestattete *Kapelle* mit Säulengang. Auf dem Friedhof befinden sich zahlreiche prachtvolle Grabmäler.

140 Friedhof Friedental
CH-6003 Luzern

Lage und Erreichbarkeit: Auf dem Hochplateau des Mohrentals, Friedentalstraße 60; Buslinie 18.

Geschichte und Besonderheiten: Auf dem Gelände eines ehemaligen Bauernhofs wurde 1884-85 dieser Friedhof angelegt. Beiderseits des Haupteingangs stehen die Abdankungs- und Leichenhalle in Form von tempelartigen Pavillons als Symbol der Propyläen zum Jenseits. Davon gehen im Winkel zwei Arkadengänge ab. Am Schnittpunkt der beiden Hauptachsen steht ein monumentales Kruzifix.
Ein separierter jüdischer Friedhof befindet sich im südlichen Bereich. Einen »point de vue« bildet in der nordwestlichen Ecke ein Rundtempel mit Kuppel. Das in den 20er Jahren auf einem Hügel erbaute *Krematorium* stieß wegen seines optisch dominanten Standorts bei der katholischen Bevölkerung zunächst auf Kritik.

Persönlichkeiten: Edwin Fischer (1886-1960, Mu), Willem Mengelberg (1871-1951, Mu), Carl Spitteler (1845-1924, D).

141 Friedhof in Morcote
CH-6922 Morcote

Lage und Erreichbarkeit: Von Lugano aus mit dem Postbus oder dem Schiff.

Geschichte und Besonderheiten: Markantes Wahrzeichen des Ortes ist die im 15. Jahrhundert erbaute *Pfarrkirche Santa Maria del Sasso,* deren Campanile weithin sichtbar ist. Von der Kirche führt eine Zypressenallee zu einer weißen *Barockkapelle*, die direkt neben dem Friedhof liegt.

Am Schnittpunkt der beiden Hauptachsen des Friedhofs Friedental dominiert ein monumentales Kruzifix; im Hintergrund ist der »point de vue« zu sehen, ein Rundtempel mit Kuppel (140)

Aufgrund seiner Lage am Steilhang erstreckt sich der Begräbnisplatz über mehrere Terrassen. Umgeben von üppig blühender mediterraner Vegetation befinden sich hier prachtvolle, manchmal auch etwas überladen und protzig anmutende Grabmäler. Ganz sicher handelt es sich um einen der malerischsten Friedhöfe der Schweiz, auf dem auch zahlreiche Prominente beigesetzt wurden. Hervorzuheben ist auch die wunderbare Aussicht auf den Ort und den Luganer See.

Persönlichkeiten: Eugen d'Albert (1864-1932, K), George Baklanoff (1882-1938, Mu), Georg Kaiser (1878-1945, D), Alexander Moissi (1880-1935, S).

Bei dem Friedhof in Morcote handelt es sich um einen der male-rischsten Friedhöfe der Schweiz; allein schon die Lage am Steil-hang mit der wunderbaren Aussicht auf den Luganer See macht einen Besuch lohnend (141)

142 Friedhof Am Rosenberg
CH-8400 Winterthur

Lage und Erreichbarkeit: Am Rosenberg 5.

Geschichte und Besonderheiten: Dieser schön gelegene Friedhof stammt vom Beginn dieses Jahrhunderts. 1909 bis 1911 geplant, wurde die Anlage kurz vor Beginn des Ersten Weltkriegs eröffnet. Die Bauten (u. a. Gärtnerhaus, Abdankungs- und Leichenhalle) bilden ein malerisches Ensemble im sogenannten Heimatstil.
Rechterhand der Hauptachse führt eine Freitreppe zu dem höhergelegenen *Krematorium.* In der südwestlichen Ecke des Friedhofs befindet sich eine viertelkreisförmige *Arena* für Familiengräber, 1920 entstand ein *Kolumbarium* in Form eines Kunststein-Rundtempels.

Persönlichkeiten: Oskar Reinhart (1885-1965, Kunstsammler und Mäzen), Felix von Weingartner (1863-1942, Mu).

Den Eingang zum Friedhof Enzenbühl in Zürich bildet eine Toranlage mit Portikus (143)

143 Friedhof Enzenbühl
CH-8000 Zürich

Lage und Erreichbarkeit: Straßenbahnlinie 11.

Geschichte und Besonderheiten: Diese reizvolle Anlage wurde 1902 von Stadtbaumeister Arnold Geiser gestaltet und 1932/33 durch den Gartenarchitekten Konrad Hippenmeier erweitert. Die Eingangsfront erhält durch eine *Toranlage mit Portikus* einen repräsentativen Charakter. Bei der *Friedhofskapelle* handelt es sich um einen schlichten neugotischen Bau. Auf dem Friedhof befinden sich einige künstlerisch beeindruckende Grabmäler.

Persönlichkeiten: Wilhelm Filchner (1877-1957, Forschungsreisender), Max Huber (1874-1960, J), Alfred Werner (1866-1919, N), Ernst Zahn (1867-1952, D).

144 Friedhof Fluntern
CH-8000 Zürich

Lage und Erreichbarkeit: Zürichbergstraße 189; Tram bis Zoo.

An den auf dem Friedhof Fluntern bestatteten James Joyce erinnert neben der Grabstätte diese Statue; Literaturinteressierte finden neben seinem Grab auch das von Elias Canetti (144)

Geschichte und Besonderheiten: Vor allem für Literaturinteressierte ist der Friedhof eine Pilgerstätte. Außer der Grabstätte erinnert hier auch eine Statue an den bedeutenden irischen Dichter James Joyce. Unweit von Joyce liegt Elias Canetti bestattet.

Persönlichkeiten: Emil Abderhalden (1877-1950, N,Med), Elias Canetti (1905-1994, D), James Joyce (1877-1941, D), Paul Karrer (1889-1971, N), Walther Warburg (1888-1971, D).

145 Friedhof Sihlfeld
CH-8000 Zürich

Lage und Erreichbarkeit: Aemtlerstraße 151; Straßenbahn bis Krematorium Sihlfeld.

Geschichte und Besonderheiten: Nachdem durch die revidierte Bundesverfasssung von 1874 die Pflicht zur Anlage von Friedhöfen von den Kirchengemeinden auf die Kommunen übergegangen war, legte die Stadt Zürich diesen großen Friedhof in mehreren Etappen an: 1877 entstand der Teil A, 1888 der Teil B, der 1969 wieder aufgehoben wurde, 1902 der Teil C und 1912 der Teil D. Bemerkenswert ist vor allem der Teil A, den Stadtbaumeister Arnold Geiser als symmetrisches Totenstadtquadrat mit Alleen und Gebüschgruppen anlegte.
An der Aemtlerstraße entstanden Triumphbogenportal, Leichensaal und Verwaltungsgebäude in Neorenaissanceformen. Das ebenfalls von Geiser in Form eines griechischen Tempels errichtete Krematorium wurde 1936 zur *Abdankungshalle* umgebaut und erhielt ein Fresko von Karl Walser. 1913 entstand ein neues *Krematorium* nach Plänen von Albert Froelich mit bemerkenswertem künstlerischem Schmuck. Dank seines Parkcharakters wird die große zusammenhängende Grünfläche des Friedhofs auch von vielen Spaziergängern besucht.
Bemerkenswert sind die zahlreichen Grabstätten bedeutender Persönlichkeiten, die Kulturinteressierte aus dem In- und Ausland anziehen. In einer stadtgeschichtlichen Veröffentlichung von 1896 heißt es über den Friedhhof: »Die Menge der Denkmäler, die aus dem Grün des Buschwerks hervorleuchten, machen ihn sehr interessant, viele der Monumente sind durch ihre Komposition oder den figuralen Schmuck künstlerisch wertvoll, und da der Friedhof sehr hübsch liegt und über die anmutig bewegte Silhouette der Stadt hinweg einen schönen Blick ins Hochgebirge gewährt, ist er eines Besuches wert.«

Persönlichkeiten: August Bebel (1840-1913, P), Maximilian Bircher-Benner (1867-1939, Med), Henri Dunant (1828-1910, Begründer des Roten Kreuzes), Gottfried Keller (1819-1890, D), Johann Gottfried Kinkel (1815-1882, D), Alfred Polgar (1873-1955, D), Johanna Spyri (1829-1901, D), Hermann Weyl (1885-1955, N).

146 Jüdischer Friedhof
Unterer Friesenberg
CH-8000 Zürich

Lage und Erreichbarkeit: Friesenbergstraße 147; Buslinie 32.

Geschichte und Besonderheiten: Dank der Qualität seiner Grabmäler hat dieser jüdische Friedhof einen ganz eigenen Charakter. Bemerkenswert ist auch die Abdankungshalle, die 1891 erbaut wurde. Der Bau, der sich über eine achteckige Grundform erhebt, erinnert mit seinen historistischen Formen maurischer Prägung an die Architektur vieler Synagogen aus dieser Zeit.

Persönlichkeiten: Felix Salten (1869-1945, D), Joseph Schmidt (1904-1942, Mu).

Der Friedhof Sihlfeld wird wegen seiner zahlreichen Grabstätten bedeutender Persönlichkeiten von Kulturinteressierten aus dem In- und Ausland besucht; ein Beispiel ist das Grab von Henri Dunant, dem Begründer des Roten Kreuzes (145)

NAMENSREGISTER
UND VERZEICHNIS DER GRABSTÄTTEN WEITERER PERSÖNLICHKEITEN

Aufgenommen wurden nicht nur im Buch verzeichnete Persönlichkeiten, sondern auch Berühmtheiten, die auf Friedhöfen bestattet wurden, die nicht im Lexikon vorgestellt werden.
(Die Zahlen beziehen sich auf die Seiten; *kursiv* gesetzte Zahlen beziehen sich auf Seiten mit farbigen Abbildungen.)

Grabstätte von Johann von Lamont, der über 50 Jahre an der Sternwarte in Bogenhausen tätig war; zu finden in München, Bogenhausener Friedhof (73)

*Auch dem beliebten Schauspieler Hans Moser wurde ein Ehren-
grab auf dem Wiener Zentralfriedhof gewidmet* (128)

*Robert Stolz, der uns mehr als 60 Operetten, über 100 Film-
musiken und gut 2000 Lieder hinterlassen hat, verabschiedet
sich mit einem bescheidenen Wunsch von seinen Besuchern (128):
»Wenn meine Melodien in den Herzen der Menschen einen
Platz gefunden haben, dann weiß ich, daß ich meine Aufgabe
erfüllt und nicht umsonst gelebt habe.«*

LITERATURVERZEICHNIS

Josef Adler (Hrsg.) Die Grabstätten berühmter Europäer (Handbuch der Grabstätten Zweiter Band, unter Benutzung von Vorarbeiten von Joachim Aubert). Deutscher Kunstverlag München, Berlin 1986

Joachim Aubert Handbuch der Grabstätten berühmter Deutscher, Österreicher und Schweizer, Deutscher Kunstverlag München, Berlin 1973

Helga und Victor von Brauchitsch Zum Gedenken – Grabmale in Frankfurt am Main, Verlag Waldemar Kramer Frankfurt/M. 1988

Laurenz Demps Der Invalidenfriedhof – Denkmal preußisch-deutscher Geschichte, Brandenburgische Verlagsgesellschaft Berlin 1996

Herbert Derwein Geschichte des christlichen Friedhofs, Frankfurt/M. 1931

Willi Finger-Hain Gräber unserer Großen in Berlin, Christian Wolff Verlag Flensburg o. J.

Christoph Fischer und Renate Schein (Hrsg.) O ewich is so lanck – Die Historischen Friedhöfe in Berlin-Kreuzberg – Ein Werkstattbericht

Norbert Fischer Das Herzchen, das hier liegt, das ist sein Leben los – Historische Friedhöfe in Deutschland, Verlag am Galgenberg Hamburg 1992

Barbara Happe Die Entwicklung der deutschen Friedhöfe von der Reformation bis 1870, Tübinger Verein für Volkskunde e. V., Schloß, Tübingen 1991

Martin Illi Wohin die Toten gehen, Begräbnis und Kirchhof in der vorindustriellen Stadt, Chronos Zürich 1992

Werner Kilitschka Grab und Grabkultur in Wien und Niederösterreich, Verlag Niederösterreichisches Pressehaus St. Pölten, Wien 1987

Franz Killmeyer Friedhöfe in Wien, Jugend und Volk Wien, München 1986

Karl Klöpping Historische Friedhöfe Alt-Stuttgarts – Sankt Jakobus bis Hoppenlau: Ein Beitrag zur Stadtgeschichte mit Wegweiser zu den Grabstätten des Hoppenlaufriedhofs, Klett-Cotta Stuttgart 1991

Heinz Knobloch Berliner Grabsteine, Morgenbuchverlag Berlin 1991

Barbara Leisner/Norbert Fischer Der Friedhofsführer – Spaziergänge zu bekannten und unbekannten Gräbern in Hamburg und Umgebung, Christians Verlag Hamburg 1994

Barbara Leisner/Helmut Schoenfeld Der Ohlsdorf-Führer, Christians Verlag Hamburg 1993

Herbert Liedel und Helmut Dollhopf Haus des Lebens – Jüdische Friedhöfe, Stürtz Verlag Würzburg 1985

Katharina Peiter Der evangelische Friedhof von der Reformation bis zur Romantik, Diss. Berlin (Ost) 1968

Johannes Schweizer Kirchhof und Friedhof – Eine Darstellung der beiden Haupttypen europäischer Begräbnisstätten, Linz 1956

Cornelius Steckner Museum Friedhof – Bedeutende Grabmäler in Berlin, Stapp Verlag Berlin 1984

Zeugnisse jüdischer Kultur – Erinnerungsstätten in Mecklenburg-Vorpommern, Brandenburg, Berlin, Sachsen-Anhalt, Sachsen und Thüringen, Tourist Verlag Berlin 1992

Dieses Reiselexikon führt Sie zu den 200 schönsten Orgeln in Europa. Über Informationen zu allen aufgenommen Orgeln hinaus enthält es Angaben zu Öffnungs- zeiten, Ansprechpartnern und eventuell stattfindenden Konzerten.

Ursula und Ulrich Rüge
Berühmte Orgeln in Europa
160 Seiten, 128 Abbildungen,
8 Karten. Gebunden.

KULT-TOUREN

Begleiten Sie den deutschen Dichter- fürst an über 100 Orte, an denen er gelebt, übernachtet und gedichtet hat. Lernen Sie Museen ebenso kennen wie Denkmäler, Gasthöfe und Kurbäder. Zitate aus Tagebüchern und Briefen machen Goethes Welt lebendig. Vom Harz bis nach Italien, vom Elsaß bis nach Schlesien sind für Ihre Reisepla- nung Öffnungszeiten, Telefonnummern und Ansprechpartner zusammengestellt.

Georg Schwedt
Goethe
Museen, Orte, Reiserouten
160 Seiten, 127 Abbildun-
gen, 2 Karten. Gebunden.

CALLWEY VERLAG
MÜNCHEN